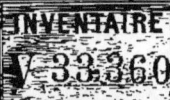

NOTICE
SUR LA
SCULPTURE NAVALE
ET CHRONOLOGIE
DES MAITRES SCULPTEURS ET PEINTRES
DU PORT DE TOULON

PAR V. BRUN.

TOULON
TYPOGRAPHIE ET LITHOGRAPHIE D'E. AUREL,
RUE DE L'ARSENAL, 13.

1861

NOTICE
SUR LA
SCULPTURE NAVALE
ET
CHRONOLOGIE DES MAITRES SCULPTEURS
DU PORT DE TOULON.

NOTICE

SUR LA

SCULPTURE NAVALE

ET CHRONOLOGIE

DES MAITRES SCULPTEURS ET PEINTRES

DU PORT DE TOULON

PAR V. BRUN.

TOULON
TYPOGRAPHIE ET LITHOGRAPHIE D'E. AUREL.
RUE DE L'ARSENAL, 13.

1861

(Extrait du Bulletin de la Société des Sciences, Belles-Lettres et Arts
du département du Var, séant à Toulon.)

Il y a eu des ateliers de sculpture dans les arsenaux de la marine, et, pour diriger leurs ouvrages, des artistes appelés maîtres sculpteurs; tout cela tend à s'effacer. Déjà les ornements de la sculpture sont réduits à de minces proportions; le nom de maître sculpteur a disparu; l'art est entre les mains d'ouvriers sans titre, mais non toutefois sans mérite, qui essaient bien encore de lui faire produire quelqu'un de ses effets; mais l'aliment de cet art va faire défaut, et incessamment, ateliers et maîtres ne seront peut-être plus qu'un souvenir.

Non que je veuille reprocher ce déclin aux hommes intelligents qui ont autorité dans nos arsenaux, et concourent à l'édification de notre marine; ils sont poussés eux-mêmes par les progrès de l'art de la construction, par de nouvelles lois de navigation et de guerre maritime, à donner des façons nouvelles aux vaisseaux ; les anciennes décorations ne trouvent plus leur place ; la grande alliance du bois avec le fer qui, peu à peu, va s'emparer des formes, modifiera de plus en plus les dehors des navires. Le coup d'œil du marin, la satisfaction du constructeur, ont trouvé qu'il était assez bon de lutter de grandeur avec les autres nations, par une belle et forte installation, par l'élégance ou la majesté du navire même, sans s'attacher à le faire briller par des ornements qu'on a appelés superflus.

Avant que les vestiges aient disparu au port de Toulon, et que l'on se demande comment des ornements, des statues, des bas-reliefs, qu'on a souvent admirés, avaient trouvé à se placer dans l'ordonnancement des vaisseaux, et quels étaient les artistes qui, partant de Puget, nom grandement connu, sont venus après lui et ont marché sur ses traces pendant deux siècles, tandis qu'il reste encore des souvenirs et des traditions de ce qu'ils ont été, il m'a paru intéressant de mettre par écrit ce que j'ai recueilli de leur existence. Je les montrerai dans leur ordre successif et ferai en sorte, s'il est possible, et si je remplis mon désir, que tout ne soit pas oublié.

Je n'ai songé à écrire, du reste, que pour les artistes qui s'intéressent à la mémoire de leurs pareils, et qui, ne s'attachant pas seulement aux plus grands noms, aiment encore des noms plus modestes, auxquels l'art doit toujours quelque chose, parce qu'ils l'ont maintenu ;

il reste toujours quelque détail utile à recueillir, quelque trait intéressant pour les faire aimer et admirer encore ; c'est une histoire de leur famille que je leur présente. Peut-être aussi servirai-je les vues de quelques personnes lettrées, dans leur honorable entreprise de réunir les biographies des artistes qui ont laissé quelque mémoire d'eux dans le Midi, et leur offrirai-je quelque trait de leur vie qu'elles n'auraient pas connu ; mais, ce qui me pousse encore, c'est d'arriver à un nom qui m'oblige, et ma pensée sera bientôt comprise.

Après les maîtres sculpteurs, je dirai quelques mots des maîtres peintres ; là, il y a moins à rappeler, mais quelque intérêt s'attache encore aux artistes qui ont porté ce titre.

I

ANCIENNETÉ DE LA SCULPTURE DES NAVIRES.
LE BRUN, GIRARDON, PUGET, LEVRAY.

La sculpture appliquée aux bâtiments de mer n'est pas moderne. Pour trouver le temps où on a commencé à orner les navires de figures en relief, il faudrait remonter aux premières constructions un peu régulières, c'est dire à une antiquité reculée. Le vaisseau que montait Jason, dans la fameuse expédition des Argonautes, passait pour avoir été aussi superbe que grand. Les anciens, beaucoup moins sobres que nous dans l'emploi de ces ornements, en ont souvent entièrement couvert leurs navires. Il est probable que la construction même s'est quelquefois pliée aux caprices d'un art qui s'est borné depuis à ne décorer quelques parties. Winkelman parle d'un monument antique représentant une barque sous la forme d'un dauphin, dont l'extrémité de la gueule formait l'éperon, le devant de la tête figurait la proue, le corps était la coque, et la queue la poupe; sur les principales parties de ce bâtiment singulier, étaient placés, en outre des groupes de figures d'animaux entièrement détachées. Quand on connait le génie des anciens, il est permis de croire que cette représentation n'était pas un simple jeu de l'imagination, et que l'original avait existé.

L'antiquité a eu plusieurs navires fameux par la splendeur des ornements. On cite celui d'un roi phénicien, peut-être Tetramnestre, qui avait une puissante marine, et qui, suivant Hérodote, fournit 300 galères à Xerxès, dans l'expédition contre les Grecs; celui orné de dorures, dont Hiéron II fit présent à Ptolémée-Philadelphe, à l'arrière duquel on voyait, outre l'ivoire travaillé avec le plus grand soin, un nombre considérable de statues, et, sur les côtés, de grands *Atlas* soutenant les hauts bords dans toute leur longueur; celui de Ptolémée-Philopator, dont on sait peu de chose, mais qu'on peut presumer avoir été conforme au naturel voluptueux et prodigue de ce prince; celui éclatant d'or et d'argent qui portait Cléopatre, lorsque, dans un appareil qui pouvait convenir à la mère des amours, elle se montra aux habitants étonnés de Tarse; ceux enfin sur lesquels Caligula se plaisait à se promener le long des côtes de l'ancienne Campanie, et dont les poupes, dit Suétone, étaient même enrichies de pierreries; ces derniers passaient pour les plus magnifiques qu'on eût jamais vus.

Plus ordinairement les ornements étaient réservés pour les deux extrémités; la partie saillante de la proue, nommée l'éperon, presque toujours en bronze, quelquefois en fer, destinée à percer le flanc des navires ennemis, était surmontée d'une énorme tête de poisson, de lion ou de loup. Entre les galeries pratiquées sur les parties les plus élevées de l'arrière, qui répondent à l'emplacement des bouteilles de nos vaisseaux, on ménageait des espaces sur lesquels on représentait, en bas-reliefs, l'histoire des dieux et des héros ; les flancs même étaient quelquefois embrassés par des figures liées entre elles à la manière des arabesques.

Le nom des navires se lisait, ainsi qu'il est d'usage chez nous, sur une tablette placée à la poupe. Les ornements de cette partie y avaient toujours rapport; si le bâtiment était consacré à quelque dieu ou déesse, la statue et l'autel dédiés à cette divinité, étaient aussi placés en cette partie.

Les amples descriptions de quelques-uns de ces navires, qu'on trouve dans les anciens écrivains, dispensent de donner plus d'étendue à ces témoignages historiques. Je suis loin d'en conclure que les ornements étaient prodigués et mis sur toutes sortes de navires ; il en était des constructions pour la mer, comme des habitations de terre : il y en avait de toutes les fortunes ; elles étaient simples et sans art pour le pauvre navigateur, ornées pour le commerçant opulent, et décorées quelquefois avec luxe par les états puissants qui entretenaient une marine militaire.

En tous lieux, le goût de l'homme l'a porté à embellir la demeure qu'il habitait passagèrement sur la mer, et s'est plu à la montrer embellie, comme signe de son rang ou de sa fortune. Les navires informes de l'Inde et de la Chine, avant même leurs communications avec les nôtres, ont été vus décorés comme ils le sont aujourd'hui, de leurs grotesques sculptures. Le sauvage enjolive sa pirogue à sa manière.

La tradition de ces usages, en Europe, ne fut pas totalement interrompue dans les nombreux intervalles des âges suivants, où les arts nous sont représentés comme endormis. L'art se retrouva dans les marines italiennes qui fleurirent au moyen-âge et à la renaissance. Les Vénitiens, dans le temps de leur prospérité, au vxe siècle, et les Génois, pendant qu'André Doria faisait respecter leur marine, y étalèrent leur somptuosité, transportant sur leurs navires le luxe de leurs palais. Dans la grande armée navale que commandait don Juan d'Autriche, en 1568, les poupes des galères réales, celles des nefs des grands seigneurs, les patronnes et les capitanes, de toutes les nations liguées, avaient des sculptures magnifiques, des termes, des tableaux et des figures de ronde bosse et de demi-relief.

Marie de Médicis, qui devint épouse de Henri IV, fut conduite à Marseille par quinze galères, dont cinq de Toscane, cinq de Rome et cinq de Naples. La galère patronne sur laquelle était Marie, était extrêmement riche en ornements, et dorée d'un bout à l'autre. L'écusson de l'arrière, représentant les armes réunies de France et de Toscane, était chargé de diamants, et la chambre, tendue en drap d'or, était parquetée en nacre et ébène. La France alors n'avait aucune galère ni aucun autre bâtiment de guerre, grand ou petit.

Le port de Toulon se fondait en ce moment, et allait faire disparaître le reproche qui était fait à la France de ne pas avoir de marine. Les premières constructions y furent faites, comme dans les siècles précédents, par des seigneurs ou des capitaines, qui louaient leurs vaisseaux au roi, armés et équipés, le plus souvent en les commandant eux-mêmes; ils avaient la faculté de les décorer à leur guise, les entouraient de galeries, et ne leur faisaient pas faute d'ornements. Ils se faisaient honneur à eux-mêmes, en donnant de la grandeur à la décoration de ce qui leur appartenait, et c'était une parure indispensable d'ailleurs pour cacher la nudité des hautes murailles de leurs châteaux d'avant et d'arrière.

Lorsque Louis XIV entreprit de relever la marine, il se trouva, dans les ports du Midi, des artistes du premier mérite. La première fois que Puget parut à Toulon, en 1645, jeune encore, n'ayant que 22 ans, il y fut attiré par le duc de Brézé, commandant de la marine, qui, sur quelques dessins qu'il avait vus de lui, lui en demanda un qu'il voulut magnifique pour son vaisseau amiral *la Reine*. Puget mit-il lui-même la main à l'exécution? Il la dirigea du moins; jusqu'alors il ne s'était adonné qu'à la peinture, et ne se livra décidément à la sculpture qu'en 1655. Je pose cette question, car l'intendant d'Infreville relata plus tard, dans sa correspondance, que Nicolas Levray qui, en 1645, était, depuis plusieurs années, attaché au service du roi, avait fait tous les ornements du vaisseau *la Reine*, tous ceux du *Brézé* et du *Saint-Philippe* qui dataient du même temps, et de tous les vaisseaux qui furent construits dans les 25 ans qui suivirent.

Le vaisseau *la Reine* fut généralement admiré et les biographes de Puget ont répété qu'il était orné avec la plus grande magnificence; d'où sont sorties deux opinions différentes, selon le point de vue où l'on était placé. On lui en a fait un honneur insigne, comme ayant donné une première impulsion à l'art de décorer les vaisseaux, et comme l'inventeur des ornements en relief et des belles galeries qui se sont déployées somptueusement à leurs arrières ; d'autres lui en ont fait un reproche, blâmant des superfluités qui gênaient le service et ne pouvaient pas s'allier avec les usages maritimes. Il y avait là une double erreur, erreur de chaque côté, car, en comparant sa composition avec celle de quelques dessins du temps, et avec ce qu'on sait des goûts précédents, il résulte que Puget avait plutôt modéré qu'étendu la sculpture sur le vaisseau *la Reine*; il y avait seulement apporté un goût plus pur, un idéal mieux inspiré, une meilleure distribution d'ornements dans le cadre qui lui était livré, et une perfection d'exécution qui, dirigée par lui, avait dû ajouter quelque chose à l'admiration. En effet, le dessin du vaisseau *la Reine*, agréablement composé, est peu chargé de sculptures ; le tableau d'arrière est un médaillon qui représente la reine Anne vue de profil : et l'encadrement de la poupe consiste en deux caryatides, dont il ne perdit pas le souvenir lorsqu'il fit le balcon de l'hôtel-de-ville, et en deux gracieuses figures qui terminent les côtés de la galerie, le tout d'une composition si élégante qu'elle semble légère ; le vaisseau n'a enfin qu'une galerie, et il n'y eut pas, dans ses dehors, d'innovation proprement dite.

Puget a borné là son premier travail pour la marine, et ne s'occupa plus de l'ornement des vaisseaux que vingt-trois ans après, lorsqu'il reparut au port de Toulon, ayant alors une réputation acquise dans la grande statuaire en marbre.

Dans l'intervalle de 1645 à 1668, l'essor était donné à la marine ; de nombreuses constructions se firent dans le port ; mais la décoration des vaisseaux sortit peu de la route précédemment suivie ; Puget, malgré la satisfaction qu'y laissa son passage, ne l'emporta pas encore sur le goût du temps ; les vaisseaux étaient toujours chargés de sculptures lourdes, occupant assez les artistes pour qu'il y en eut jusqu'à quarante employés en 1668. Mais presque tous n'étaient habiles que dans l'ornementation ; c'était la composition ordinaire des dessins ; très peu représentaient des natures animées, sauf quelques mascarons ; mais on marchait à un changement.

Dans la puissance que la France prenait sur la mer, elle augmentait le nombre et la force de ses vaisseaux. Le premier vaisseau de 110 canons qui fut construit, fut ordonné au port de Toulon, en 1667 ; immédiatement après, un autre vaisseau de 100 canons fut commandé ; ils furent appelés *Royal-Louis* et *Dauphin-Royal*. Les noms et le rang de ces grands navires, qui ne devaient servir que pour des amiraux, appelèrent sur eux une magnificence d'ornements supérieure à ce qu'on avait coutume de faire. Un concours fut d'abord ouvert pour l'ensemble des ouvrages de sculpture, dorure et peinture du *Royal-Louis*. La sculpture comprenait le couronnement, les fanaux, les balustres des trois balcons, des termes, les ornements de la sainte Barbe, ceux des côtés du navire et de tous les sabords, depuis la poupe jusqu'à la poulaine, les galeries, la poulaine et les ornements placés au dedans du navire. Trois artistes présentèrent leurs dessins; d'abord le peintre De la Rose, qui estimait la sculpture seule à 21,300 fr., ensuite les sculpteurs Nicolas Levray et Rombaud-Languenu, qui n'évaluèrent la leur qu'à 13,800 et 14,000 fr., probablement parce qu'elle était moins riche en ornements; la Rose, en effet, était un décorateur plus inventif et plus abondant.

Ces dessins, envoyés à Colbert, ne furent pas agréés ; ils ne parurent pas assez ingénieux. C'est alors que Colbert chargea le célèbre peintre Le Brun d'en faire un, où le ministre et l'artiste s'accordèrent dans leurs idées de faste et d'adulation. Ce dessin plut à Louis XIV, dont il flatta les goûts de grandeur, et un second dessin fut demandé à Le Brun pour le *Dauphin-Royal*. La direction de ces travaux ne fut pas laissée à des artistes ordinaires, et le sculpteur Girardon, déjà renommé, fut commissionné pour venir les faire exécuter à Toulon.

Girardon fit d'abord le modèle des deux principales

figures du *Royal-Louis*, et traça le dessin de la poulaine et du château d'avant. Il départit ensuite les ouvrages aux chefs-ouvriers sculpteurs, donna à Nicolas Levray tous les ornements de la poupe, compris les chevaux-marins et les balustrades; à Gabriel Levray, fils de Nicolas, et Guillaume Gay, tous les ornements de la poulaine, du château d'avant et des deux côtés, réservant toutes les figures à deux maîtres qui furent nommés entretenus dès ce moment. L'un, Pierre Turreau, eut à faire celles du côté de babord, depuis le haut jusqu'au bas ; l'autre, Rombaud-Languenu, celles de l'autre moitié du côté de tribord. La figure du roi en son lit de justice, représentée au tableau, devait être faite par Turreau en son entier, ainsi que celle de la poulaine.

Il ressortirait de la correspondance de l'intendant d'In-freville, que Turreau fut amené au port par Girardon ; c'était son homme de confiance et sans doute son élève ; aussi lui donna-t-il la première place et lui fit-il une plus grande part dans la distribution du travail qu'à Rombaud, qu'il avait trouvé au port ; mais il arriva le contraire de ce qu'il avait préjugé de leur talent et de leur diligence, car celui-ci acheva sa moitié des ornements deux mois avant Turreau, et l'aida même à terminer sa partie. De plus, l'ouvrage de Turreau satisfit mal Girardon qui, de retour d'un voyage à Marseille où l'avaient appelé les sculptures des galères, s'attacha à corriger de sa main des figures de poupe du travail de Turreau, pour les décharger de bois et les rendre plus sveltes, laissant, sans les toucher, celles de Rombaud.

Puget ne tarda pas de venir à Toulon ; après avoir voyagé et travaillé longtemps en Italie et en France, il avait été bien accueilli par Fouquet, qui l'avait envoyé à Carrare pour choisir des marbres. Il fut oublié à la disgrâce du surintendant, et pendant quelques années qu'il passa à Gênes, il orna cette ville de plusieurs belles statues. Sa réputation grandissant, et les intendants de la marine fixant sur lui l'attention de Colbert, il fut appelé avec instance à Toulon, *pour servir le roi*, en y prenant la direction de tous les sculpteurs ; le titre de maître sculpteur lui est resté. Il y arriva le 8 juillet 1668; il avait alors 45 ans.

Le premier travail qui lui fut confié fut la décoration du vaisseau le *Monarque*, de 90 canons, moins grand que les deux autres vaisseaux. Il sembla d'abord qu'il allait être chargé de la continuation de ceux-ci ; mais Girardon voulut, avec quelque raison, achever l'œuvre qu'il avait commencée, et Puget répugnait à paraître son servile continuateur ; c'est alors, dans leur contact, que dut commencer cet antagonisme que Girardon, mieux favorisé, manifesta trop dans la suite. Il ne fut donc rien changé aux dessins donnés par le Brun; la conduite en fut laissée à Turreau, et les deux vaisseaux n'en furent pas moins vantés comme magnifiques.

Pierre Turreau était un esprit indocile qui allait jusqu'à se prendre de querelle avec De la Rose et Puget, qui quelquefois avaient à lui reprocher la lenteur de son travail. Il conserva contre Puget les rancunes de son maître Girardon ; mais il lui fut signifié, de la part de

Colbert d'avoir à travailler sur les dessins de Puget, et à se soumettre à lui, lorsqu'il aurait fini le *Royal-Louis* et le *Dauphin-Royal*. Puget tint tellement à cette prérogative, qu'au retour d'un voyage qu'il avait fait à Gênes, il lui fit défaire les sculptures de quelques poupes de vaisseaux neufs : Puget soutenait que cela lui appartenait et à lui seul, et trouvait d'ailleurs les dessins de ces poupes mal faits. Le ministre lui donna raison.

Dans la décoration du *Monarque*, Puget, excité par les dessins de Le Brun, donna carrière à sa féconde imagination, et se montra en ce point supérieur à son devancier. La plupart des compositions de Puget, en ornements de vaisseaux, se sont perdues ; mais on trouve encore le dessin du *Monarque* entre les mains des artistes, parce que, considéré par eux comme œuvre classique, beaucoup de copies s'en sont répandues. Il est facile, dès lors, d'en donner la description. Le roi, en costume romain, ayant des esclaves à ses pieds, était sur son trône entre deux renommées faisant retentir les airs de sa gloire ; elles étaient les termes supérieurs du tableau ; d'autres termes, encore plus riches, représentaient Neptune et Cybèle rendant hommage à Louis XIV ; trois magnifiques galeries, soutenues par des caryatides et des tritons, embrassaient l'arrière, et ce beau tableau était encadré de génies qui s'élevaient jusqu'au couronnement, sur la tête du roi, et de chevaux marins qui semblaient nager dans la mer. L'avant était une allégorie représentant la Vigilance domptant le Lion de l'Espagne et de la Hollande. Cette décoration, comme celle des deux vaisseaux dessinés par Le Brun, répondit aux inclinations du Souverain, et à la riche ordonnance des ouvrages, s'ajouta leur belle exécution, à laquelle Puget lui-même donna la main. Toutes ces belles décorations étaient rehaussées par une profusion de dorure, et même d'outremer, couleur d'un prix excessif.

Mais, en ce moment déjà, se faisait une réaction contre les figures en relief, qu'on accusait, non sans quelque apparence de raison, de surcharger les arrières et les avants. Quelques officiers, et en tête les chefs d'escadre Martel et d'Alméras, furent d'avis qu'il fallait employer le moins qu'on pourrait de ces figures grandes et pesantes, qui embarrassaient le derrière des navires et nuisaient à leur navigation. Cette réaction éclata en 1670; on avait remarqué que les Anglais et les Hollandais, dans leurs plus récentes constructions, ne mettaient presque pas, ou point du tout, de galeries. Ces grands ouvrages ne servaient, selon eux, qu'à rendre les vaisseaux pesants et à servir de prise aux brûlots. Le roi d'Angleterre en avait parlé ainsi au frère de Colbert, ambassadeur auprès de lui. Puget n'était pas personnellement en cause ; les vaisseaux qui s'étaient rencontrés dans le Nord, avec ceux des puissances étrangères, n'étaient pas partis de Toulon et sortaient encore moins de ses mains. C'était contre le genre d'ornements du temps antérieur qu'on s'élevait, genre suivi dans tous les ports. Puget convint qu'il y avait un excès devant lequel il fallait s'arrêter ; il sembla même avoir fait de lui-même un premier pas rétrograde, car ayant présenté, en octobre 1669, les dessins de deux nouveaux vaisseaux, l'*Ile-de-France* et le *Paris*, de 74 canons, l'intendant fit remarquer que ces dessins étaient estimés fort beaux, par leur netteté et le *peu d'embarras et de charge qu'ils donnaient à la poupe des navires*.

Mais les Anglais, aussi portés à s'écarter de nos manières que nous à imiter les leurs, allèrent plus loin ; ils supprimèrent bientôt entièrement les galeries (qu'ils reprirent plus tard), et ils ôtèrent même de leurs vaisseaux tous les ornements en relief. On fut sur le point d'en faire autant en France ; mais les principaux capitaines et officiers dans le port, appelés à délibérer sur la réforme que l'on demandait, furent loin de partager cette opinion ; ils trouvèrent que l'abordage des brûlots était moins à craindre par les galeries que par les haubans. L'on convint, toutefois, qu'on ferait des ouvrages plus légers et moins embarrassants ; ce serait de bien moindre dépense et d'un grand soulagement pour les navires.

Le marquis d'Alméras restait cependant le grand adversaire des ornements et des galeries ; il est rare qu'une opinion soutenue de haut ne fasse son cours. Un mémoire fut envoyé par lui au ministre, où il demandait ardemment leur suppression, blâmant tout, allant jusqu'à dire qu'il vaudrait mieux que le roi donnât dix mille écus tous les ans à Puget, pour qu'il ne mit pas le pied dans l'Arsenal ; c'était un jugement d'humeur ; l'intendant Matharel l'expliqua ainsi dans une lettre à Colbert du 26 juin 1671. Puget avait blessé le chef d'escadre par une certaine fierté d'artiste ; mais, ajoutait M. Matharel, « si

M. d'Alméras a trouvé les dessins défectueux en quelque chose, la plupart des autres capitaines n'ont pas été de ce sentiment; et il est certain que le sieur Puget donne un tour à ses dessins qu'on ne voit point chez les autres nations. Il n'y a qu'à le retenir un peu dans le trop de saillie et de relief qu'il donnait ci-devant à ses figures et à ses galeries, et il me semble l'avoir reduit là dessus au point que l'on peut désirer »

Une autre fois, M. Matharel disait : « Les poupes des vaisseaux neufs, dont le sieur Puget vous a envoyé les dessins, commencent à s'avancer; avec la petite réforme qu'on y a faite, elles iront bien, très-assurément. Lorsque vous viendrez ici, vous aurez la satisfaction de voir qu'il n'y a point, dans l'Europe, de vaisseaux qui aient la grâce et la beauté de ceux de France. Je m'y étudie le plus que je puis, et je commence à rendre là dessus l'esprit du sieur Puget aussi docile et commode qu'on peut le souhaiter. »

C'est au milieu de ces débats, dans l'espèce de transaction qui se fit entre l'art qui tendait à se montrer, et la prévention qui voulait l'abaisser, que furent dessinés plusieurs vaisseaux déjà en construction en 1669 ; outre le *Monarque*, l'*Ile-de-France*, il y eut le *Sceptre*, la *Thérèse-Royale*, la *Madame*, le *Jolly*, le *Ruby*, tous vaisseaux des premier et deuxième rangs, et plusieurs autres. Les grands ornements y parurent de moins en moins, car l'opposition ne cessait point; elle réussit même à faire mettre, dans un règlement du 13 septembre 1673, que Sa Majesté défendait de placer aux ornements de la poupe des figures en relief, *ainsi qu'il avait été pratiqué jusqu'à présent*, mais seulement des ornements légers qui ne pussent appesantir le vaisseau ; et un autre règlement, du 6 octobre 1674, définissant les fonctions du maître sculpteur, disait seulement que les dehors seraient relevés et ornés d'un genre de sculpture proportionné à la qualité du navire, et qu'il n'en serait pas mis en dedans autant que l'on en mettait. Il n'y avait, en définitive, qu'une lutte entre le plus et le moins. Il en résulta cependant, comme nous l'apprend la correspondance de l'intendant, qu'il fallut démonter une partie des ornements du *Monarque*, du *Lys*, du *Saint-Esprit*, pour rendre, disait-on, ces vaisseaux navigables; qu'on changea les galeries des côtés du *Furieux*. Ceci se passait un peu plus tard, en 1676, et l'intendant Arnoul écrivait, le 31 mars, en parlant de Puget : « C'est la cause pourquoi je ne l'ai pas toujours employé, outre qu'il était occupé à ses marbres et aux dessins qui vous ont été envoyés de toutes les sortes de bâtiments de mer, à quoi il réussit très-bien. » Ce peu de mots explique la prochaine cessation de service, dans l'arsenal, de Puget ; il n'avait plus à y faire le même travail, et le champ lui manquant, il allait devenir inutile. Trop indépendant d'ailleurs pour s'assujétir plus longtemps à des obligations de service qui comprimaient de plus en plus son génie, il se laissa, sans se plaindre, supprimer des contrôles du port, dès le commencement de 1679.

Pendant que Puget livrait son temps à ces travaux en bois, sitôt périssabbles, son penchant pour le marbre l'obsédait, et il en demandait sans cesse pour commencer quelque ouvrage; en ayant enfin obtenu quelques blocs, en 1671, il en fit sortir le Milon de Crotone et le bas relief d'Andromède, et justifia en France, par ces belles ébauches, ces mots qu'il adressa depuis à Louvois, en lui parlant des travaux qu'il pourrait faire : « Je me suis nourri aux grands ouvrages; je nage quand j'y travaille, et le marbre tremble devant moi, pour grosse que soit la pièce. »

L'intendant de Vauvré chercha en 1681, quelque temps après que Puget eut quitté l'arsenal, à le rattacher au service maritime. Il entretint une petite partie de son temps par des dessins que Duquesne et lui lui commandèrent; homme rare, disait-il, et qui n'a pas son pareil. Il l'aurait employé avec les appointements fixes de maître sculpteur à travailler des marbres; il n'y réussit point. Colbert était économe dans sa munificence. M. de Vauvré put obtenir du moins qu'il fut permis à Puget d'achever la statue de Milon et le bas-relief d'Andromède, qu'il avait commencés dans la fonderie de Toulon. L'Etat doit la possession de ces deux chefs-d'œuvre à la sollicitude de cet intendant de la marine.

Les galères, dont l'arsenal était à Marseille, étaient aussi bien ornées de sculptures que les vaisseaux ; on peut en juger par les dessins qui nous en restent, et par les riches fragments conservés de la *Réale* et de quelques autres galères. On reconnaît à ces fragments le style et la composition de Puget; la tradition même rapporte que la plupart de ces pièces sont de sa main, ou exécutées sous ses yeux par ses élèves ; nul doute que tout cela n'ait été exécuté pendant qu'il était au service de la marine, et qu'il ne fut alors, par conséquent, maître sculpteur dans les deux ports de Toulon et de Marseille, double mission que Girardon avait eue. L'observation a été faite que de belles galères, construites plus tard, ont été ornées d'allégories semblables à celles qu'on attribue à Puget. Et on aurait voulu en conclure que ces restes sont postérieurs à lui; mais cette conséquence ne serait pas juste ici, car les sculptures de Puget, dont on sentait le prix, ne suivaient pas le sort des galères vieillies qu'on dépéçait. Elles étaient transportées et mises à la même place sur des galères neuves. Il a été dit, pendant longtemps, que les plus belles et les mieux conservées de ces sculptures passèrent ainsi successivement sur trois et quatre galères. Cette tradition trouve sa preuve dans une délibération du conseil de construction du port, du 18 avril 1755 qui, condamnant entièrement une galère nommée la *Reine*, construite en 1732, ordonna d'en construire une autre sur les mêmes proportions et gabaris, et mit la condition qu'on ferait servir à cette nouvelle galère la sculpture, en même temps que la mâture et tous les agrès de l'ancienne. (1) D'ailleurs leurs attributs qui sont à la louange du grand roi fixent leur époque.

(1) Trois galères du nom de la *Reine* ont succédé à celle que Puget décora. Si celle qui fut construite en 1698, comme sembleraient le dire les mémoires de M. de Viviers, inspecteur général des galères, fut laissée dans le projet de construction, sans désignation d'attributs, tandis qu'une description allégorique était donnée pour trois grandes galères construites en même temps c'est probablement que les décors de la *Reine*, existant déjà, on n'avait pas besoin de s'en occuper.

Les belles décorations des galères ne subirent pas aussi vite l'amoindrissement qu'éprouvèrent celles des vaisseaux; devenues navires de parade, plutôt que de guerre les ornements ne pouvaient pas les gêner, et cette somptuosité leur fut encore permise. Elles n'avaient d'ailleurs d'autres termes de comparaison que les galères d'Italie et d'Espagne, qui n'avaient pas perdu l'habitude de ces ornements.

Je ne crois pas qu'il y ait nulle part, en Europe, des morceaux de sculpture en bois, comparables aux précieux débris qui nous restent; j'en donnerai la description lorsque j'aurai l'occasion de parler de leur transfert au musée naval de Paris.

Je ne suivrai pas, en dehors de la marine, la vie de Puget. Elle est, depuis quelque temps, mieux connue qu'elle ne l'avait été anciennement et à peu de distance même de sa mort. De nombreux biographes l'ont explorée et sont remontés à beaucoup de sources pour bien connaître lui, sa famille, ses voyages, ses œuvres; mais quelques erreurs subsistent. M Henri, archiviste de la ville de Toulon, a rendu un peu mieux compte des rapports de l'artiste avec la marine; c'est cet aspect de lui que j'ai essayé de mieux arrêter. En lui retirant l'invention des grands groupes de sculptures et des galeries des vaisseaux, dont les artistes s'étaient plu à agrandir sa renommée, je ne veux lui retrancher aucune gloire, c'est assez qu'il ait perfectionné ces décors en homme de génie, même en les simplifiant; mon intention a été de le laver d'un reproche que, parmi les marins, on ne lui a que trop donné.

Quant au jugement de ses œuvres, répandues en plusieurs lieux, celui qu'on en porte devient plus élevé, plus admirateur de jour en jour. Les productions de Puget ne sauraient, en effet, être trop haut appréciées ; je me rallie à tout ce qui en a été dit, même en exaltant le génie de l'artiste, artiste original, quelque inspiré qu'il fût de l'antique et de Michel-Ange. La ville de Toulon principalement se fera un honneur éternel des belles caryatides qui soutiennent le balcon de l'hôtel-de-ville. Les ouvrages que Puget fit pour Versailles eurent plus de réputation, et cela devait être ; le mérite précieux de ces termes fut cependant assez tôt senti ; il fut honorable pour un étranger, le Bernin, qui les vit en 1665, d'avoir le premier attiré sur eux l'attention en France ; et Louis XIV n'abandonna le projet de les faire transporter à Paris que par la crainte qu'on lui opposa qu'ils ne sauraient être déplacés sans qu'ils fussent ruinés. Ces deux figures, en effet, sont les plus étonnantes peut être que la sculpture ait produites depuis la renaissance des arts, et à coup sûr, les plus parfaites qui soient sorties du ciseau de Puget.

Mais il est un lieu où son souvenir ne sera jamais perdu, où son nom est resté plus vivant qu'ailleurs ; c'est l'atelier de sculpture qu'il fonda dans le port. Quelque humbles qu'ils soient devant lui, ses successeurs mériteront peut-être de vivre sous son abri ; et quelle famille d'artistes et de maîtres pourrait se vanter d'une plus glorieuse origine !

II

PIERRE TURREAU, VEYRIER, ROMBAUD, BERNARD TORO.

Lorsque Puget fut appelé à Toulon, le port entretint trois maîtres sculpteurs : Puget était le premier, aux appointements de 3,600 fr.; les deux autres furent Pierre Turreau, à 1200 fr., et Rombaud-Languenu, à 1000 fr.; ils l'étaient depuis qu'ils avaient pris part aux figures du *Royal-Louis* et du *Dauphin-Royal*. Ils furent ainsi classés par Girardon, qui fit passer le mérite de Turreau avant celui de Rombaud, et tous les deux, une fois affiliés au port, se firent gloire dans la suite de s'appeler élèves de Puget. En 1676, quand Puget commençait à avoir moins à faire, il y avait encore assez de travaux de sculpture pour employer les deux autres; mais, deux ans après, à la fin de 1678, lorsque Puget fut supprimé des états, Turreau n'y figurait déjà plus; selon toutes les apparences, ce fut le motif d'économie qui le fit réformer. Il servit donc à peine dix ans, et son nom eut laissé peu de trace, s'il n'avait été rehaussé dans la suite par un de ses fils. Cependant, il avait fait un établissement à Toulon, s'y était marié en 1670, et de sa femme, Anne Toucasse, avait eu deux enfants ; l'un, Honoré Turreau, plus connu sous le nom de Bernard Toro (1), né en 1672; l'autre Gilles-François Turreau, né le 22 avril 1674. Il n'est plus parlé de lui et de ce fils Gilles, ni sur les registres de l'état civil, ni dans les marchés de main-d'œuvre, où les ouvriers sculpteurs de Toulon et des villes voisines se présentaient en foule. Seulement, en deux de ces adjudications, en 1681, pour des ouvrages de sculpture à faire aux vaisseaux le *Gaillard* et le *Florissant*, se trouve le nom de *Bernard Taureau*, qu'on pourrait s'étonner d'y rencontrer, attendu qu'il avait dix ans à peine; mais il était mêlé avec d'autres noms d'ouvriers, il était alors *garçon* sculpteur, ou, comme on dirait aujourd'hui, *apprenti*, et son nom vint avec celui de ses compagnons. Plus tard, son nom n'y figure plus.

Rombaud resta donc seul maître sculpteur au port, avec ses appointements de 1000 fr., et le fut très-longtemps. Il y était avant Puget, et de bonne heure, il montra assez de talent pour se livrer à la sculpture statuaire, puisqu'il fut chargé, en 1661, de compléter, dans l'église paroissiale de Toulon, par quatre statues en bois

---

(1) J'admets, sans preuve certaine toutefois, qu'Honoré est le même que Bernard, parce qu'entre le mariage du père et la naissance du second fils, il n'y en a pas eu d'autre sur les registres de l'État Civil et parce que le père Bourgarel qui devait être bien informé l'appelle aussi *Honoré*, suivant une notice de M. le docteur Pons. Son acte de naissance, il est vrai, ne se trouve pas, le registre de 1672 ayant été perdu, et je me laisse guider par le répertoire des baptêmes de la même année. Du reste, Bernard Toro, s'est appelé lui-même dans une supplique postérieure, fils et frère de Pierre et de Gilles qui sont orthographiés *Turreau*; mais cela, tout en établissant bien la filiation, ne résoudrait pas absolument la différence du prénom de Bernard ; peut-être avait-il les deux prénoms.

de noyer, une custode que Puget y avait faite deux ans avant; ces statues représentaient un *ecce homo*, une notre-dame de piété et deux anges. Elles périrent depuis, avec toute la custode, dans un incendie qui éclata dans l'église en 1681.

Rombaud était un homme fort modeste. Il s'était laissé dépasser par Turreau, qui ne lui était pas supérieur en mérite, et qui avait pris rang avant lui dans le port. Il s'effaça encore pour faire place à Christophe Veyrier, mais cette fois avec plus de raison, car Veyrier, neveu de Puget, avait une partie du grand talent de son oncle. Veyrier prit la direction de l'atelier en 1686, recommandé par une œuvre capitale qu'il venait de faire à Toulon; son nom figura alors pour la première fois sur les états du port, car il n'y avait jamais été employé, même comme simple artiste.

Veyrier était l'élève le plus ancien et le plus intime de Puget; lorsque celui-ci était occupé de ses beaux travaux à Gênes, Veyrier alla le trouver et commença à se former sous lui. Ils quittèrent Gênes ensemble, mais le neveu prit la route de Rome, qu'il n'avait pas encore vue, et ne rejoignit son oncle, à Toulon, que deux ans après. Puget, qui aurait pu lui procurer du travail dans le port, le garda auprès de lui pour ses ouvrages particuliers; c'était à ce moment qu'il avait eu permission de travailler les marbres; Veyrier l'aida dans ces ouvrages et même on rapporte qu'en dégrossissant l'Andromède, il l'aurait tenue un peu courte, observation que l'on fit plus tard à Puget, et qui était plutôt une illusion de perspective, dont le sculpteur même doit savoir tenir compte, qu'un défaut de proportions, car il démontra qu'elle avait exactement celles de la Vénus de Médicis.

Il n'en resta pas moins dans la confiance et l'affection de Puget, et lorsque celui-ci fut chargé d'achever son Milon et son bas-relief, Veyrier le suivit à Marseille où ces marbres avaient été transportés, et travailla à leur perfectionnement.

Une occasion se présenta bientôt de montrer à Toulon le talent que Veyrier avait acquis. Après l'incendie de l'autel du *Corpus domini*, les recteurs de la chapelle résolurent de le refaire en matériaux moins combustibles, en marbre et en stuc, et en donnèrent la direction à Christophe Veyrier, avec qui ils passèrent marché le 20 mai 1682, au prix de 10,000 fr. La belle composition du dessin, la perfection de l'ouvrage et surtout la beauté des deux anges en marbre, connus sous le nom d'adorateurs, peuvent placer Veyrier parmi les artistes les plus distingués. Le beau caractère de tête de ces anges, leur naïveté, la simplicité des attitudes, la *morbidesse* des chairs, font une impression qu'on n'éprouve que devant les chefs-d'œuvre de l'antiquité. Ils ont mérité que la postérité se soit obstinée à les attribuer à Puget; c'était sa manière, son style tout entier et Puget les eût acceptés.

Veyrier ne fit pas un long service au port; il mourut à Toulon le 11 juin 1689.

Rombaud se trouva prêt à reprendre sa place; il y entra cette fois à la solde de 1200 fr., que Veyrier avait eue. C'était au plus fort des armements maritimes de la France ; les escadres grossissaient et se multipliaient, et Rombaud pourvoyait à tous les besoins de la sculpture. Ces ouvrages étaient alors mis en adjudication; les registres de la marine relatent tous les marchés qui furent successivement passés avec les ouvriers, et Rombaud en faisait les dessins et les devis. Le 29 août 1692, fut mise aux enchères, la sculpture d'un nouveau et superbe vaisseau à trois ponts, nommé le *Royal-Louis*, qui remplaça le premier vaisseau de ce nom, devenu hors de service, et qui fut longtemps appelé comme celui-ci le plus beau vaisseau de la marine. Rombaud en donna le dessin, et y fit profiter le plus qu'il lui fut permis, des figures emblématiques et traditionnelles provenant du magnifique et ancien *Royal-Louis ;* car on avait coutume même au désarmement des vaisseaux, d'ôter les sculptures et de les mettre à l'abri. Une délibération du conseil de construction de septembre 1700, rappelle à ce sujet les soins qu'on devait apporter, pour les démonter et les poser de nouveau, voulant en outre qu'on fît attention à ne pas en couvrir sur les navires, des coutures non calfatées. Le travail du nouveau *Royal-Louis*, fut adjugé au sieur Duparc, pour 5,300 fr.

La lutte était grande dans l'arsenal, parmi les ouvriers qui se présentaient à l'adjudication pour les ouvrages de sculpture ; il y en avait toujours un grand nombre, qui se divisaient entr'eux en petites associations ; ils s'arrachaient presque l'ouvrage, dont le prix descendaient facilement avec eux, jusqu'à la moitié de la première offre.

On lit dans les registres, un rabais plus surprenant encore, dans un ouvrage monumental et qui a demandé plus d'application que des figures en bois. Cet ouvrage subsiste, après presque deux siècles, et doit faire honneur au nom de Rombaud qui en fournit le dessin et en dirigea l'exécution. La sculpture dont il est question, est celle, en pierre de calissanne, qui pare le dessus de la porte de l'hôpital de la marine. Cet édifice était autrefois un couvent de jésuites, bâti quand Toulon s'agrandit, sur la fin du xviie siècle ; il était institué séminaire de la marine pour donner des aumôniers aux vaisseaux, et la marine faisait les frais de sa construction. Le fronton de la porte fut orné des figures qu'on y voit, représentant la Loi et la Force (1); deux enfants soutenaient les armes du roi posées sur la corniche. L'adjudication se fit le 3 août 1689, soumissionnée d'abord à 800 fr., elle échut à Pierre Tombarelli à 130 fr. ! C'était bien peu, pour ces figures colossales, dont l'exécution fut pourtant parfaite.

Rombaud vieillit dans les fonctions de maitre sculpteur ; il se fit connaître ailleurs que dans l'arsenal. On ne pourrait faire une revue exacte des ouvrages qu'il a répandus, presque tous en bois, dans les petites villes voisines, parce qu'ordinairement on ne passe pas écrit

---

(1) La première de ces figures est vulgairement appelée la *Religion* ; mais le devis signé par Rombaud, l'appelle bien réellement la *Loi*; ces deux expressions d'ailleurs peuvent se confondre comme s'appliquant à une même idée. Les jésuites se sont plus d'une fois donné pour attributs, à Rome même, les deux allégories de la porte, la Loi et la Force.

de ces sortes de marchés, mais on sait qu'il en a fait beaucoup. Il était estimé et honoré, et fut protégé jusque dans sa vieillesse. Sa survivance avait été promise, sur des recommandations influentes, par M. de Ponchartrain, à Bernard Toro, et celui-ci établi à Aix, en fit souvenir le ministre en juin 1713, représentant Rombaud comme très-infirme, âgé de 80 ans et hors d'état de servir le roi. Le ministre voulut alors mieux savoir quelle était la valeur du prétendant, et M. de Vauvré intendant de la marine s'empressa de répondre qu'il ne connaissait point Bernard Toro, qu'il s'informerait de lui, mais que le bonhomme Rombaud n'était ni si âgé, ni si infirme que le faisait son survivancier, et qu'il remplissait bien ses fonctions à son ordinaire. Il s'en acquitta, en effet, exactement jusqu'à sa dernière année, et il avait bien accompli ses 80 ans, lorsqu'il mourut en 1718.

Les informations prises sur le talent de Bernard Toro, lui avaient été favorables ; il était, comme je l'ai dit, et comme il l'a dit lui-même dans une pétition qu'il fit alors, fils de l'ancien maître Pierre Turreau. En 1716, il s'était, sur de nouvelles promesses rapproché de Toulon, il y avait pris pied, et il put entrer immédiatement dans la fonction de maître sculpteur du port, à la mort de Rombaud. La réputation de Bernard Toro, dans le dessin principalement, a été justement acquise ; elle était répandue non-seulement dans la province, mais à Paris ; il représentait avec facilité et bonheur toutes sortes d'ornements, son imagination les inventait, et il a fait en ce genre des compositions riches et variées à l'infini, qui, gravées, étaient propres à donner d'excellents modèles aux orfèvres et aux sculpteurs.

Le dessin que Bernard Toro entendait si parfaitement, appliqué par lui à la sculpture, l'y rendit habile dans l'ornement, par le précieux et le fini de son coup de ciseau; il était là presque inimitable; mais lorsqu'il y mêlait quelques figures, on sentait en elles l'incorrection; son talent n'était plus à sa place. Il ne s'est presque pas appliqué à dégrossir la pierre; il était plus maître du bois, et le plus grand souvenir qu'il ait laissé, subsiste dans les sujets qu'il a donnés à la gravure.

Toro en arrivant, refusa de faire les dessins de sculpture des vaisseaux, à moins qu'on ne le payât comme autrefois Puget, disant qu'il n'était que pour faire exécuter les sculptures de l'Arsenal. Ce refus étonnant de la part d'un homme qui avait le dessin si facile, ne fut pas trouvé trop extraordinaire, et en effet, pendant quelques temps, on envoya de Paris, les dessins de sculpture de plusieurs vaisseaux ordonnés.

A plusieurs reprises, et la dernière fois en 1728, l'intendant le représentait comme excellent dans son art, un des plus habiles du royaume, mais capricieux et fantasque, comme la plupart des grands ouvriers, qui se faisait toujours une peine de donner les dessins de la sculpture des vaisseaux, prétendant des appointements plus forts. Cette prétention n'était point à blâmer en soi, n'y ayant pas de plus légitime ambition que celle de mettre de la valeur à son travail. L'intendant, cependant, promettait de le résoudre à faire ces dessins, et exposait au ministre que les dessins sur les lieux seraient faits avec plus de précision, pourvu, ajoutait-il, que le maître-sculpteur voulut bien réduire son imagination portée aux ouvrages les plus magnifiques et les plus riches, ne s'embarrassant pas des prix, mais de la gloire de son métier. Pour l'encourager, sa paie fut portée à 1500 fr.; mais il n'en jouit pas longtemps encore ; B. Toro mourut subitement à Toulon, le 28 janvier 1731, à l'âge de 60 ans, laissant des trophées inachevés.

En ce moment, et depuis 1720, le sieur Antoine Vassé, qui avait figuré comme sculpteur, dans les adjudications de l'atelier de Toulon, faisait à Paris, les dessins de sculpture des vaisseaux de tous les ports, et cette commission dura jusqu'en 1740, que ce dessinateur étant mort, le ministre renvoya l'exécution de ces dessins aux maîtres sculpteurs des ports mêmes, comme précédemment. Un règlement du 6 octobre 1674 leur prescrivait ces dessins ; l'ordonnance de 1765 leur en renouvella l'obligation. C'est de Vassé que vint en 1724, entr'autres dessins, celui de la sculpture du vaisseau le *St.-Esprit*, de 74, encore assez pourvu d'ornements ; elle fut adjugée pour 5000 fr. Les ouvrages d'après le marché, devaient être riches et bien finis ; c'étaient des conditions que la surveillance et le genre de travail de B. Toro, étaient bien capables de faire remplir.

III

LANGE, VERDIGUIER, GIBERT, MICHEL.

A la mort de B. Toro, l'intendant de la marine annonçait au ministre qu'il n'y avait à Toulon, aucun sculpteur aussi fort que lui, mais que le sieur Lange, le plus habile de la province, et qui entendait le mieux la sculpture des vaisseaux, se présentait et qu'on pourrait le retenir, à moins que l'on ne pût en fournir quelqu'un des autres ports qui y convînt mieux, ce qui n'était guère à espérer, disait-il, si l'on en jugeait par la sculpture des vaisseaux de Brest.

Lange fut donc nommé, et dans la direction des sculptures du port ne se trouva pas inférieur à son prédécesseur. Il montra peu d'abord son génie inventif pour la décoration des vaisseaux, tant que les dessins en furent envoyés de Paris ; mais lorsqu'il reprit cette charge, en 1740, il s'était déjà fait une solide réputation, dans une autre œuvre, qui sera longtemps encore, un des plus beaux monuments de l'Arsenal. C'est lui qui donna le dessin de la superbe porte du port, et qui la fit exécuter en 1738 ; porte non moins riche par les quatre brillantes colonnes de granit d'une seule pièce, provenant des débris antiques de la Grèce, qui en soutiennent l'entablement, que par les ornements qui la décorent. La figure de Minerve est de la main de Lange; celle de Mars est l'ouvrage de Verdiguier, son gendre, non moins habile que lui. On rapporte de celui-ci, que, sa figure étant presque achevée, il devint mécontent de la tournure qu'il avait donnée à la tête, et que voulant revenir sur lui-même, il travailla dans une nuit, le plus secrètement qu'il put, à la scier et à la retourner un peu sur un côté. Le lendemain il trouva mal que l'intendant le complimentât sur sa force herculéenne, victorieuse du dieu Mars; il n'aurait pas voulu qu'on connût son artifice.

Je dois ici défendre tout de suite la mémoire de Lange; il n'aurait travaillé, selon quelques-uns, que d'après les dessins de Toro : cette opinion ne s'accorde pas avec les faits; Toro était mort en 1731, et la construction de la porte n'avait été délibérée que deux ans avant son exécution, c'est-à-dire en 1736; les dessins ne pouvaient dater de plus loin; alors seulement ils furent demandés à Lange. Le riche encadrement rappelle, il est vrai, le genre de Toro pour les ornements et les trophées; mais il n'est pas étonnant qu'il y eût quelque reminiscence du passage de cet artiste dans le port; et d'ailleurs Lange et Verdiguier, qui corrigea si énergiquement son Mars, tous les deux d'un caractère indépendant, auraient-ils voulu s'assujétir aux dessins d'un autre; ils étaient riches assez, comme ils l'ont prouvé, de leur propre fonds.

Le ministère de M. de Maurepas passe pour celui où la sculpture des vaisseaux subit le plus d'abaissement; elle était toujours, selon lui, trop composée. Les ornements furent réduits à de simples moulures et cette innovation fût regardée même alors, comme malheureuse, car elle donnait aux vaisseaux un air mesquin qui semblait afficher au dehors la pénurie du royaume. Deux dessins différents, bien réduits, pour le vaisseau le *Conquérant*, de 74, furent envoyés en 1746, à M. de Maurepas pour qu'il eût à choisir, il les trouva encore trop chargés, et voulut qu'on fit un nouveau dessin plus simple.

Qu'on juge des angoisses d'un maître sculpteur dont l'imagination était toujours resserrée, qui ne devait écouter aucune inspiration, et toujours incertain de l'approbation qu'il aurait. Lange, dans cette perplexité, abandonna les dessins de trois nouveaux vaisseaux, le *Content*, le *Triton* et l'*Achille*, à trois anciens élèves sculpteurs, Hubac, Gavel et Thielus qui furent chargés de faire leurs sculptures sous les yeux du maître.

Le siècle de Louis XV a gardé dans l'histoire des arts un reproche de décadence; elle se fit sentir jusque dans ces faibles ouvrages. L'atelier fut abandonné à la *manière dominante*. La sculpture ne fut plus qu'un amas de rocailles, de cartouches et de découpures; on reconnaissait à regret dans les draperies des figures, la manière de Vanloo, et dans les chairs, une certaine maigreur alors à la mode, que l'on tenait des serviles études académiques et dont ne furent point exemptes les figures même de Mars et de Minerve de la porte de l'arsenal, car il faut en convenir, les grandes figures placées à la porte de l'Hôpital de la Marine qui sont d'un temps antérieur, sont d'un plus grand mérite.

On avait continué de placer aux vaisseaux, des galeries qui n'étaient plus ces balustrades élégantes d'autrefois, mais des panneaux à jour ornés de quelques ciselures. Le projet fut présenté au ministre en 1740, de faire en fer la galerie du vaisseau le *Sérieux* par imitation des vaisseaux d'Espagne. Le ministre voulut auparavant être fixé sur le poids et la valeur de cette galerie; et comme elle aurait coûté beaucoup plus et aurait surchargé d'avantage l'arrière qu'une galerie en bois, on y renonça. Mais quelques années après, en 1759, on y revint et on les adopta par des motifs tout semblables à ceux qu'on avait rejetés. Il fut décidé que les vaisseaux le *Protecteur*, l'*Altier* et le *Sagittaire* auraient des galeries en fer, en place de celles en bois et en sculpture, que l'on jugea plus pesantes et en même temps plus dispendieuses par les radoubs continuels. On s'imaginait que celles en fer pourraient servir à plusieurs vaisseaux successivement. On ne voulait pas imiter les vaisseaux d'Espagne, on imitait alors ceux d'Angleterre.

Lange après 30 ans de service était arrivé à 80 ans et ne pouvait plus s'occuper; un second maître sculpteur, Gibert, venu du port de Marseille, suivait les ouvrages à sa place. Le ministre mettant fin à ce double emploi, donna à Lange la retraite, le 15 octobre 1760; il lui assigna une faible pension de 400 fr., que l'intendant essaya de faire augmenter, disant qu'un homme qui avait fait un monument comme la porte de l'Arsenal, qui fait honneur à la France, méritait d'être traité plus généreusement. Ce fût en vain, l'on était sous M. Berryer, le plus avare des ministres; Lange n'en jouit pas longtemps, il mourut avant trois mois le 12 janvier 1764.

Son gendre Verdiguier avait depuis longtemps quitté le port; il y gagnait 3 fr. par jour, comme figuriste; mais cet emploi limité n'allait pas selon sa fierté et sa liberté; les appels ordinaires du port l'humiliaient, et il se rendit à Marseille. Là, il se trouva en face d'un de ces événements, dans lesquels le plus honnête homme peut se trouver malheureusement surpris. Étant entré dans une église de capucins il considéra curieusement, en artiste, une lampe d'argent neuve assez riche en ornements. Cette lampe disparut peu de jours après; quelques femmes l'avaient vu dans l'église et le signalèrent comme ayant longtemps examiné la lampe de très près; il ne pouvait l'avoir fait que pour la dérober. Il fut arrêté, une instruction criminelle s'ouvrit contre lui. Dans cette cruelle situation, il s'adressa à son beau-père, M. Lange, qui employant le crédit du baron de la Garde, près Toulon, dont l'épouse était la marraine de Verdiguier, obtint comme grâce spéciale qu'on ne pressât pas le jugement, assurant qu'il était trop fier pour avoir commis une pareille bassesse. Il demandait non grâce et indulgence, mais justice et perquisition sévère pour trouver le vrai voleur. Effectivement, en allongeant l'affaire on découvrit par des juifs d'Avignon, que cette lampe leur avait été vendue, coupée en morceaux, par le frère lai du même couvent qui l'avait soustraite. Verdiguier sortit alors de prison ; mais il conserva un si grand ressentiment contre les religieux de ce couvent, d'abord à cause de leur calomnieuse accusation, puis pour leur refus de toute indemnité, qu'il ne voulut plus les voir ; et un d'eux étant entré un jour dans son atelier à Marseille, il lança sur lui de toutes ses forces, dans un transport subit, le maillet qu'il tenait à la main, heureusement il manqua son but.

Plus tard, Verdiguier quitta Marseille et il fut s'établir en Espagne ; il s'arrêta à Tolède où il forma un atelier. Là il fut à la fin heureux ; ses talents furent honorés et lui procurèrent une douce aisance. Il avait gagné l'amitié de l'archevêque de Tolède, qui se plaisait avec lui et l'avait souvent à sa table. Ayant un jour loué le parfum d'un café de moka que l'archevêque lui servit, il en trouva une balle en rentrant chez lui. Il vécut à Tolède, jusqu'à l'âge de 84 ans, estimé et respecté.

Il a laissé à Toulon, dans le baldaquin sculpté en marbre du maître-autel de la cathédrale représentant l'ensevelissement de la vierge, un ouvrage assez remarquable bien qu'il ait donné encore de la maigreur à ses figures. C'est dommage que l'humidité ait amolli ce marbre et effacé plusieurs parties saillantes du bas-relief.

Gibert régit, comme Lange, l'atelier pendant 30 ans ; sa maîtrise sous le rapport de l'état de la sculpture, ne diffère guères de celle de son prédécesseur ; seulement, le maître finit par être dispensé de toute initiative dans les ornements. Avant d'en-venir là, il essaya une fois, pour complaire à une idée qui lui fut dictée dans le port, de placer dans un dessin qu'il traça pour la frégate la *Sultane*, un lion pour la poulaine; la raison donnée était que toutes les autres nations ne décoraient pas autrement l'avant de leurs vaisseaux et que cette distinction faisait qu'un vaisseau du roi était trop facilement reconnu à la mer ; le ministre pour cette fois n'approuva point le changement, et commanda qu'on fît la poulaine d'après les attributs du nom du navire. Mais la mode de placer des lions, continuant chez les autres nations, il fut pris par le ministre, le 17 janvier 1777, une décision portant que les figures allégoriques qui étaient mises sur l'avant des vaisseaux, étant d'une exécution lente et dispendieuse, et pouvant servir à les faire reconnaître de loin, S. M. voulait qu'on ne mît à l'avenir que des figures de lion. M. de Sartines écrivait de sa main, « je désire qu'il y ait peu de sculpture en général. » C'était d'ailleurs une recommandation souvent faite. A l'occasion de la sculpture des vaisseaux *le Zélé* et *la Provence*, le ministre avait écrit: « Quoiqu'elle m'ait paru légère je la trouve encore trop forte : j'ai cependant approuvé les dessins, voulant que l'on veille à l'avenir à ne pas trop charger la sculpture regardée comme dépense inutile et nuisible aux vaisseaux. » En suivant ces recommandations, la sculpture des vaisseaux *le Marseillais*, *le Languedoc* et *la Bourgogne*, fut adjugée pour les trois à 6996 fr. Quarante ans avant, quand déjà la sculpture était devenue plus humble, celle du vaisseau *le St.-Esprit* de 74, seul, avait été adjugée à 5000 fr., c'est dire combien elle était alors réduite. Le nombre des ouvriers avait diminué à proportion ; il n'y avait à l'atelier de la sculpture, en 1770, et il n'y eut pendant longtemps que dix ouvriers, dont trois étaient employés toute l'année et les sept autres, se relevaient de deux mois en deux mois.

M. de Fabry, directeur général du port, se dispensa en 1780, de présenter les dessins des frégates *la Sémillante* et *la Badine*, disant que la sculpture de ces bâtiments était d'une si grande simplicité, que le dessin qui avait servi à *la Coquette* et à *la Naïade* pouvait servir aux autres.

Enfin, pour symétriser totalement la sculpture, le ministre refusa l'exécution des dessins de deux vaisseaux ordonnés en 1785, disant que le roi en avait adopté un, qui proportions gardées, suivant le rang des bâtiments, devait être suivi à l'avenir pour tous les autres bâtiments de guerre. Le dernier coup sembla porté ; mais un nouveau régime ne tarda pas de donner de nouvelles idées.

Tous les maîtres sculpteurs du port ont été de bons dessinateurs ; le dessin en effet est le complément de l'autre art qui ne peut s'en passer. Gibert qui possédait ce talent, fut nommé en 1775, professeur de dessin à l'école d'hydrographie de la marine, ce qui ajouta 500 fr. d'appointements, à ceux de 1200 fr., qu'il avait comme maître-sculpteur ; il s'acquittait si bien de l'une et de l'autre fonction, qu'il lui fut alloué une gratification annuelle de 300 fr.

Gibert n'a point transmis d'œuvre qui pût faire juger positivement de son talent ; c'est peut être la faute des temps, plus que la sienne, car il a laissé un nom estimé dans les arts et qui a été souvent répété comme tel par les jeunes contemporains de sa vieillesse. Accablé d'âge, il exprima le désir de la retraite en 1787 ; on fut lent à la lui accorder par considération pour lui ; on eut alors l'idée de le remplacer par le sieur Doumet, maître peintre du port, en remplaçant celui-ci par le sieur Michel, désigné comme peintre de la ville ; mais le grand âge de Doumet l'avait aussi rendu incapable de servir plus longtemps et les deux maîtres furent en même temps placés à la retraite le 1er avril 1789. Michel fut nommé alors et réunit les deux emplois.

Il n'y a rien à dire sur le maître Michel qui fonctionna seulement pendant trois ans ; il n'était pas sculpteur et était à peine peintre. La protection seule, disait-on, l'avait fait placer et il l'avait obtenue, parce qu'il passait pour le fruit des amours d'un prince de la famille royale. Son incapacité d'artiste à laquelle s'ajouta le grief d'incivisme, lui fit fermer la porte des deux ateliers pendant les troubles des ouvriers du port en août 1792. Le conseil le recommanda néanmoins à la convention nationale pour obtenir des secours qui pussent lui permettre d'achever sa vie, sans être en proie aux horreurs de la plus affreuse misère. Il la termina bientôt dans l'émigration après les événements de Toulon.

On a souvenir de la figure que Michel faisait dans le port ; toujours élégamment vêtu, l'épée au côté, la tête et la parole hautes, il n'était pas fâché de paraître comme un homme qui avait les habitudes de la cour. Il s'humilia pourtant, dans un différent qu'il eut avec le sieur Marquisan, qu'on voulait lui donner pour son second maître; il n'avait pas confiance en lui et n'avait pas montré une bonne opinion d'un enduit pour les toiles, que celui-ci présentait de sa composition. Mais Marquisan était alors au faîte des grandeurs populaires; il était président et secrétaire du comité des ouvriers, et Michel fut amené à venir s'excuser devant le conseil d'administration du port, disant qu'il avait été mal informé sur le compte de ce Marquisan.

IV

FÉLIX BRUN.

L'atelier de la sculpture fut quelque temps sans maître. Un jeune artiste Félix Brun, récemment revenu de Rome, le dirigea comme contre-maître et maître provisoire, jusqu'au 26 novembre 1796, qu'il fut nommé maître en titre à 1800 fr.

Je suis très compétent sans doute pour parler de Félix Brun, mais non assez désintéressé pour en parler seul ; c'est pourquoi avant que j'entre dans quelques détails de sa vie, et de crainte qu'on ne trouve mon langage trop personnel, je veux faire parler un de ses amis et élèves qui, à sa mort, rendit un pieux hommage à sa mémoire. M. Pierre Maire, commis principal de la marine, qui avait retenu de ses liaisons avec lui, plus que le bon goût et un solide jugement dans les arts, car il était devenu artiste lui-même, était capable d'apprécier justement et dignement l'homme qui venait de s'éteindre Il fit paraître sur lui une notice nécrologique, dans une revue maritime qui se publiait alors à Toulon, et est oubliée depuis longtemps. La notice qui y est perdue, mérite d'en être relevée, et ne peut que bien commencer ce que je serai appelé à dire (1).

« Février, 1831.

» La ville de Toulon vient de perdre un de ses meil-
» leurs citoyens, et la marine un artiste d'un rare mé-
» rite, par la mort de M. Brun, chef de l'atelier de la
» sculpture de ce port. Quoique sa santé fut déjà altérée
» par une grave maladie, il lui refusait en faveur de ses
» devoirs, les ménagements qu'elle réclamait. Il a suc-
» combé en peu de jours, à une nouvelle atteinte, dans
» sa 68ᵉ année.

» Ceux des hommes, et c'est le plus grand nombre,
» qui ne jugent leurs semblables que par les dehors, et
» qui sont entraînés par la bonne opinion qu'ils leur
» voient d'eux-mêmes, ont pu malgré eux, ne pas rendre
» toute justice à celui que nous regrettons. Essayons de
» dire ce qu'il fut.

» Placé de bonne heure dans le port, des dispositions
» précoces pour les arts du dessin le firent remarquer
» et lui valurent la faveur d'être envoyé à Rome, pour y
» continuer cette étude aux frais du gouvernement. Le
» jeune Brun justifia cette distinction flatteuse, par son
» application et ses progrès rapides. Maître de lui dans
» l'âge des passions, il consacra toute entière, une jeu-
» nesse exempte d'orages, à recevoir les leçons de plu-
» sieurs hommes qui ont eu de la célébrité, et à étudier

---

(1) M. Maire, homme de cœur et de mérite, est mort en Algérie dans un âge peu avancé. Je lui dois beaucoup de notions sur ce qui précède.

» par lui-même les grands modèles. C'était le temps où
» florissaient Mengs et Pompée Batoni. C'était aussi pour
» la France l'époque de la régénération de l'art. Dans
» son pays classique, il puisa aux sources les plus pures,
» un goût sûr et sévère et voua dès lors à la statuaire
» antique, une admiration qui tenait du culte.

» Avec ceux qui peuvent saisir les justes rapports
» d'invention et de style entre notre compatriote, et le
» chef de la nouvelle école française, il n'y a rien de té-
» méraire à penser que, dans une situation indépen-
» dante, et placé au foyer où vont se puiser les lumières
» et l'instruction, M. Brun eut fait dans les beaux arts,
» la révolution qu'y ont opérée Vien et David. Cette ho-
» norable induction est assez justifiée parce qu'on lui a
» dû, malgré le désavantage de sa position. Devenu maî-
» tre de la sculpture à Toulon, après un séjour de plusieurs
» années à Rome, il révéla bientôt par ses créations tout
» ce qu'on pouvait attendre d'une imagination pleine de
» feu, riche de souvenirs, et tempérée par le respect de
» principes immuables. On doit dire ici que pour appli-
» quer avec succès la sculpture à l'embellissement de
» l'architecture navale, il ne suffit pas d'être sculpteur,
» dans le sens restreint de ce mot. Indépendamment de
» l'aptitude à se rendre compte d'avance, de l'effet
» d'un grand ensemble, il faut être doué d'un génie
» souple, fécond et sage néanmoins ; car rien n'est plus
» intolérable que le singulier et le fantasque dans les pro-
» portions colossales. Cette partie, quoique protégée,
» était fort déchue vers ce temps, un goût dépravé y

4

» dominait. Le nouveau maître le réforma, l'éleva au
» grandiose et l'y soutint. Il fit concourir à son but, et
» toujours avec une rare intelligence, tout ce que l'art
» pouvait emprunter à la nature en moyens de détails :
» figures humaines, animaux, fleurs etc. On vit alors sor-
» tir du port de Toulon, des vaisseaux de l'aspect le plus
» imposant. Rien de si parfait, de si majestueux pour les
» ornements, n'avait encore été exécuté et ne l'a été de-
» puis dans aucun autre port de l'Europe, ceux de la
» France compris. Pour Toulon même, qui était comme
» en possession d'un privilége de supériorité (ce n'est
» pas le lieu ici d'en assigner la cause), il faut remonter
» au meilleur temps du règne de Louis XIV, pour trouver
» un digne objet de comparaison.

» Il est à déplorer, pour la gloire de ceux qui leur
» confient le fruit de leurs talents, que les bâtiments,
» considérés comme monuments, n'aient souvent qu'une
» durée très-bornée. Leur existence a une fâcheuse con-
» formité avec tout ce qu'il y a de plus fragile au monde ;
» il n'en passe à la postérité que la réputation, et, tout
» au plus, quelques traits sur le papier qui ajoutent à nos
» regrets.

» Revenons à M. Brun. Des témoignages flatteurs et
» précieux lui arrivaient de toutes parts. Les comman-
» dants des flottes étrangères ont réuni à cet égard leurs
» suffrages à ce que notre marine a compté, en divers
» temps, de plus considérable. Cependant il n'avait pas
» toujours trouvé les encouragements désirables ; nous
» avons connu des hommes qui, insensibles à son mérite,

» et plus qu'indifférents pour un luxe qu'il faut savoir
» respecter, parcequ'il est le luxe de l'Etat, et qu'il a tou-
» jours été pour les puissances maritimes, comme le sceau
» de la prospérité et d'une complète civilisation, ont
« comprimé quelquefois le développement de ses inspira-
« tions. Malheureusement, cette indifférence a paru sou-
ı vent dégénérer en système. Il a été plus heureux en
» dernier lieu, sous des chefs éclairés, pleins d'urbanité,
» et faits pour comprendre que si des ornements nobles
» et séduisants arrachent souvent les premiers éloges,
» la construction, supposé qu'elle en fut dépouillée, per-
» drait aux yeux même de ceux qui en sont les meilleurs
» appréciateurs.

» Habile à rendre significatifs les emblêmes qui décorent
» les vaisseaux, M. Brun trouvait, sans fatigue, les traits
» les plus caractéristiques d'un événement historique. On
» était étonné de ses ressources à corporiser, pour ainsi
» dire, les êtres abstraits pour lesquels il n'y a rien de
» convenu dans l'iconologie. Une mémoire continuelle-
» ment alimentée lui fournissait les rapprochements les
» plus ingénieux.

» Il méritait d'être plus connu pour un genre qui lui
» était propre. C'était un composé de sites vrais, choisis
» avec un tact admirable et embellis de monuments aussi
» pompeux que variés, dans le goût des inventions du
« chevalier Bibiena. La richesse de ses moyens, à cet
» égard, le portait souvent à représenter, dans ces des-
» sins, les lieux fameux de l'antiquité et surtout les ports
» de mer, non comme ils ont existé et en s'attachant pé-

» niblement à une description vague et incertaine, mais
» tels que peut les voir à travers le prisme des siècles
» et de la renommée, un esprit qui se complait dans de
» magnifiques illusions. C'était l'épopée du paysage.

» Mais peut-être des droits plus légitimes à nos lou-
» anges, et de plus, à notre reconnaissance, se trouve-
» raient dans ses dispositions à communiquer ses prin-
» cipes. Il est de fait que tous ceux qui ont eu le bonheur
» d'être à portée de recevoir ses leçons, se sont avancés
» à grands pas dans la bonne voie. Le jeune Daumas le
» quittait à peine lorsqu'il fut jugé pouvoir, à Paris, se
» présenter avec quelque chance à un honorable con-
» cours. Remarquons que les divers ports du Royaume
» n'ont guères à la tête de leurs ateliers de sculpture que
» des hommes qu'il avait formés. C'était aussi un de ses
» élèves, ce digne Hubac, trop tôt moissonné, dont les
» ouvrages, pendant qu'il était détaché à Venise, avaient
» eu l'insigne honneur d'être un objet marqué d'atten-
» tion et d'éloge de la part de Canova.

» Nous sommes dispensés de parler avec étendue des
» qualités personnelles de M. Brun. L'estime dont il était
» entouré, estime à laquelle on ne pouvait rien ajouter,
» était le prix des mœurs les plus pures. Sa modestie,
» qui était remarquée, non sans raison, ne lui coûtait
» point.

» Sa mémoire, chère à ses parents, à ses amis, se re-
« commandera même toujours au souvenir de ceux qui
» n'ont connu que l'artiste

P. Maire.

Cette notice pourrait suffire pour faire comprendre quel artiste c'était que Félix Brun ; mais m'étant fait un devoir d'écrire tout ce que j'ai sû des autres maîtres quelque peu que ce fût, je me sens obligé de rappeler, sans cependant aller trop loin, ce que j'ai su plus abondamment de celui-ci. J'éviterai autant qu'il me sera possible, des redites avec la notice qui précède.

Né à Toulon, le 12 février 1763, dans une famille de marins, Félix-Jacques Brun ne put, enfant, supporter la mer, et de bonne heure il marqua lui-même sa vocation, en s'introduisant dans l'atelier de la sculpture, où le maître Gibert l'accueillit avec bienveillance. Il s'était déjà essayé avec les couleurs, que sa bonne mère lui dérobait, craignant qu'il ne s'empoisonnât, et toujours le crayon à la main, il ne cessait de rendre ce que lui suggerait son imagination ; et comme il y a toujours quelque espièglerie dans l'enfance, il se joua un jour d'une vieille voisine de sa maison, en dessinant à côté de sa fenêtre, un immense lézard qui effraya tous les habitants du quartier, accourus aux cris de la femme, et qui de moins loin qu'ils l'osèrent, assaillirent longtemps, de toutes parts, l'animal obstiné à ne pas quitter sa place.

Appliqué dans l'art qu'il avait embrassé, et animé par la lecture des vies des artistes, il sentit qu'il ne pouvait acquérir un talent supérieur à celui que lui promettait l'atelier, qu'en allant à Rome. Il s'y rendit en 1782, à peine âgé de 19 ans, entretenu seulement par les ressources de sa mère; mais elles ne purent durer, et six mois étaient à peine écoulés, qu'il se vit obligé de rentrer dans sa famille et dans son atelier. Cette entrevue qu'il avait faite de Rome, ne le rendit que plus ardent à y retourner. Laurent Jullien, professeur de dessin des gardes de la marine, en revenait, et Félix Brun, ajoutant ses leçons à celle de Gilbert, trouva en lui un serviable ami, qui lui applanit ce retour dans la capitale des arts.

M. de Malouet intendant de la marine s'exprimait ainsi au ministre le 18 avril 1784 :

« Le maître de dessin de la compagnie des gardes de
» la marine, m'a fait connaître dans l'atelier des sculp-
» teurs, un jeune ouvrier de la plus grande espérance.
» J'ai été frappé des ouvrages qu'il m'a présentés. Tout
» annonce qu'il deviendra un sujet distingué, s'il est à
» même de perfectionner par l'instruction, les disposi-
» tions qu'il fait paraître. Il désire ardemment de se
» rendre à cet effet à Rome, mais dépourvu de ressour-
» ces, comme le sont tous les ouvriers à la journée du
» Roi, il ne pourrait en faire le voyage, ni s'y mainte-
» nir, qu'autant qu'on lui accorderait pendant le séjour
» qu'il y fera, la paye de 20 sols, dont il jouit dans l'Ar-
» senal. Comme rien n'annonce plus la munificence du
» Roi, que les encouragements accordés aux talents nais-
» sants, j'ai cru pouvoir, monseigneur, vous présenter
» la demande du jeune Brun. »

La réponse du ministre fut favorable ; elle disait : « Les
» talents précoces et extraordinaires qu'annonce le jeune
» Brun, élève de l'atelier de la sculpture, me paraissent
» mériter, en effet, d'être protégés et encouragés, et j'a-
» dopte volontiers la proposition que vous me faites de

» lui passer sur les rôles sa journée de 20 sols, pendant
» qu'il va à Rome pour se perfectionner d'après les mo-
» numents antiques.
» Signé : DE CASTRIES. »

Félix Brun avait alors 21 ans ; sa faible solde de 20 sols par jour fut, peu de mois après, portée à 50 sols par la protection de M. Malouet, et, avec les secours toujours nécessaires de sa famille, il put étudier et se maintenir à Rome pendant près de quatre ans.

Ayant ses entrées à l'école française, il y connut nos grands maîtres et prit une modeste place parmi les élèves de David, qui était alors revenu à Rome pour faire ses tableaux des Horaces. Il suivit aussi les maîtres italiens de l'époque, étudia les maîtres anciens, et non-seulement les étudia, mais les apprit par cœur, à tel point que bien des années après, il a écrit une description complète des principaux tableaux et monuments de toutes les écoles répandus dans les édifices publics et dans les musées privés de Rome ; il était profondément érudit sur tout cela. La manière à laquelle il s'était adonné, en étudiant la peinture, lui avait acquis de ses condisciples le surnom de Pérugin. C'est sous ce surnom que David le reconnut lorsqu'il lui fut présenté, quelques années après, alors que le grand peintre présidait la convention nationale.

Il n'avait pas oublié qu'il était venu à Rome pour se perfectionner dans la sculpture ; son ambition était de relever l'atelier du port, et il étudia l'antique, dont il se nourrit pour ainsi dire tous les jours, sans délaisser les productions des sculpteurs modernes.

Mais il acquit d'autres connaissances qui aidèrent à compléter l'homme artiste. Arrivé à Rome et muni d'une recommandation pour le père Jacquier, minime français, profond mathématicien et professeur au collége romain, il le pria de lui donner des leçons de mathématiques. Le père, touché de cette bonne volonté naïve, voulut bien descendre de la sphère élevée où il était dans les sciences, et commença une éducation qui était presque toute à faire. Après quelques leçons où il aperçut l'intelligence, il vit qu'il y avait quelque chose d'imparfait qui arrêtait sa marche, et il dit à son élève : « Ce n'est pas seulement » les mathématiques qu'il faut que je vous enseigne, mon « ami, mais encore la langue française. » Et il entreprit sur lui, avec une complaisance infinie, les deux enseignements à la fois. Ainsi, Félix Brun, qui n'avait eu que l'instruction élémentaire que l'on donne aux enfants du peuple, eut la faveur d'avoir pour instructeur un homme que son rare mérite avait mis dans l'amitié de tous les cardinaux, et qui jouissait alors, dans la société romaine et dans le monde savant, d'une gloire justement acquise. Cette introduction dans beaucoup de sciences élevées, et les conversations familières du père Jacquier développèrent un autre homme en lui.

Le savant religieux était âgé de 75 ans; sa vieillesse, ses relations, ses professorats, lui avait fait obtenir de vivre hors de son couvent, en quoi, quelquefois, il était jalousé. Un jour, son écolier, en entrant chez lui, le trouva couché et malade, Deux moines de votre pays, lui dit-il, viennent de me faire bien du mal; et il lui raconta la visite qu'il avait reçue du général de son ordre accompagné du supérieur du couvent, qui lui avaient reproché amèrement sa vie dans le siècle, lui disant que déjà à deux pas de la mort il devait venir terminer ses jours dans le couvent même, et ils lui en avaient fait l'injonction. Ces reproches, cet ordre, cette menace de la mort avaient frappé le vieillard. Le médecin arriva dans ce moment, et l'écolier fut témoin de l'habileté de ce médecin qui, apprenant tout ce qui en était, ne fit autre chose que de prendre de chaque main un des pouls agités du malade, les écouta alternativement en silence, puis s'écria en souriant : *deux horloges!* Cette exclamation adroite fit un effet presque subit ; le calme revint au malade rassuré ; bientôt l'autorité des cardinaux acheva d'y pourvoir, et le savant vieillard fut laissé tranquille.

Si j'ai mis au sujet du père Jacquier, quelques lignes de trop qui s'écartent de mon sujet, c'est que Félix Brun ne parlait de lui qu'avec vénération. Il lui rapportait tout ce qu'il avait acquis d'instruction, et ne rappelait ses bienfaits qu'avec attendrissement. Il eut la douleur d'apprendre sa mort en juillet 1788, tandis qu'il rentrait à Toulon.

Là, dans la ville qu'il revoyait, les agitations politiques mirent dans peu de temps le désordre ; essentiellement modéré, timide même, il était antipathique à tous les excès. Quand les ouvriers furent autorisés par leurs chefs à remplacer leurs maîtres, presque tous en fuite, Félix Brun était seul capable de diriger l'atelier de la sculpture, car seul il savait dessiner ; il fut élu par eux, mais il refusa d'accepter une succession qui n'était pas vacante selon lui, tandis que le titulaire existait. Ce refus pouvait le rendre suspect, mais c'était pour lui une affaire de conscience. Fidèle, d'autre part à tout ce qui était principe, il s'écarta bientôt lui-même des murs de la ville, n'assista point à la fatale introduction des ennemis dans Toulon, et n'eut pas, du moins, la terreur de voir l'incendie des vaisseaux et de l'arsenal. Venu à Paris à cette époque, il y reçut l'ordre d'aller continuer ses services à Rochefort, mais la reprise de Toulon, rapidement annoncée, le ramena dans sa ville natale. Il y dirigea la sculpture comme avant, refusant encore, par discrétion envers un vieux contre-maître, le titre de maître entretenu, que l'ingénieur en chef Leroy le contraignit presque d'accepter, parce qu'il revenait à ses talents.

Il devint véritablement le maître des travaux de son atelier qu'il dirigea pendant 38 ans. Ses dessins avaient le bonheur d'être agréés. Le perfectionnement de la navigation avait fait subir diverses modifications à la construction des vaisseaux, les idées dans la marine devinrent plus favorables au développement de la sculpture, elles y furent amenées en grande partie par le bon goût et le sage esprit que le nouveau maître y apporta, tout en la subordonnant docilement aux moindres exigences de la construction. La dunette descendue fit place à un couronnement arrondi en arc surbaissé (1). L'ancienne

(1) Le maître-sculpteur se hasarda une fois en 1804, pour suivre le goût de l'ingénieur qui construisait le vaisseau de 80, le *Neptune*, à dessiner pour l'arrière, trois arceaux dont les deux extrêmes étaient moindres que celui.

forme de la poupe se prêtait à plus de variété, et on en avait tiré un très grand parti, vers le milieu du règne de Louis XIV; mais les vaisseaux de l'État ceux à trois ponts surtout, n'avaient peut-être jamais eu autant d'élégance, avec autant de simplicité que sous la maîtrise de Felix Brun.

Des figures humaines dans de justes proportions avaient été substituées sur le devant, aux écussons et aux lions des derniers temps. Des rangs de balustres, du meilleur goût, feignant des galeries, quelquefois des galeries extérieures, se déployaient à la poupe sur toute la largeur du bâtiment (2); de belles frises les accompagnaient, des caryatides de divers genres soutenaient le tableau d'arrière, sur lequel étaient ordinairement représentés, en bas-reliefs, des attributs ou une scène analogue au nom du bâtiment. De toutes ces parties bien raisonnées résultait un ensemble imposant.

du milieu, et cela en imitation d'un vaisseau, l'*Annibal*, pris sur les anglais. Mais le ministre en renvoyant ce dessin ordonna de rétablir un seul arc, pour couronnement de l'arrière.

(1) On avait tout-à-fait renoncé aux galeries en bois; toutefois, il en fût placé à la poupe du beau vaisseau le *Commerce-de-Paris* en 1807, mais ce furent les dernières. Les autres vaisseaux n'en eurent plus que l'apparence, par des balustrades appliquées contre le mur de l'arrière. Cependant, en 1810, le préfet maritime en envoyant le dessin de sculpture du vaisseau *le Wagram*, appuya le rétablissement des galeries sur les vaisseaux à trois ponts, en les modifiant sur ce qui avait été suivi pour le *Commerce-de-Paris* où les galeries n'avaient que 15 ou 18 pouces de saillant, ce qui ne nuisait pas à la solidité des vaisseaux. Cette opinion était partagée par l'amiral Ganteaume, et généralement par tous les officiers supérieurs de l'armée navale; mais la décision qui supprimait les galeries extérieures à bord des vaisseaux fut maintenue. Seulement on commença bientôt à mettre quelques petits balcons en fer.

Admirateur passionné de l'antique, il en avait adopté le style dans l'exécution, se gardant de tomber dans la roideur, défaut commun à ceux qui l'ont mal étudiée. Ses figures furent ordinairement bien posées, bien groupées et leurs attitudes sans affectation. Il avait rejeté également de ses draperies, ces plis symétriques qui mal imités des statues grecques, ressemblent à des jeux d'orgues, et ces masses pesamment volantes introduites dans la sculpture à l'exemple de *Pietro di Cortone*, qui toutefois n'avait porté ce défaut que dans la peinture où il est beaucoup plus tolérable.

Des bas-reliefs bien composés, des arabesques pleines de goût, des frises où des feuilles d'acanthe et de belles fleurs se déployaient de la manière la plus gracieuse, avaient remplacé ces rocailles et ces fades ornements de miroitiers, au dessous desquels il n'y a rien (1)

Comme il possédait bien l'histoire, il trouvait chez lui des ressources abondantes pour en rappeler à propos les traits le plus brillants. La fable et l'iconologie avec lesquelles il était tres familier, faisaient que ses allégories étaient claires et ingénieuses.

A Félix Brun qui avait d'ailleurs suivi les progrès de la moderne école française, appartient la gloire d'avoir relevé le goût de l'atelier; il le fit avec le zèle que l'art

---

(1) Il existe encore dans l'atelier et dans le musée, des pilastres sculptés de frises, provenant du vaisseau l'*Impérial* et quelques autres sculptures de son temps, qui peuvent faire juger de la richesse et du bon goût de ses ornements. La salle d'armes du port s'est décorée de ce qu'on a ôté aux vieux vaisseaux.

commande pour réussir, donnant l'exemple dans les commencements, exécutant lui même les figures, et montrant la manière de traiter les ornements.

J'ai ouï citer, comme un produit de son ciseau, la figure d'avant de la frégate la *Diane*, construite en 1796, figure gracieuse et d'une exécution parfaite, qui dans le séjour du navire dans le Levant, surprit l'admiration des Orientaux; ils venaient en foule la considérer avec passion, s'écriant : qu'elle est belle! et passant voluptueusement la main dans leur barbe; ce n'était pas un jugement sur la sculpture qu'ils pouvaient certes donner; mais ils témoignaient du moins de l'effet de cette sculpture.

Il exposa vers le même temps, une autre statue, monumentale représentant la France; et qui la représenta pendant plus de vingt ans, sous tous les régimes; elle était placée dans l'hémicycle intérieur qui s'ouvre devant la porte de l'Arsenal. Dans une noble attitude, elle montrait à tous cette légende : *Obéissance aux lois*. Elle eut du succès; pendant longtemps, pas un artiste célèbre de la capitale, passant à Toulon, qui l'ayant vue, ne le complimentât, et n'exprimât le regret que cette œuvre, au lieu d'être en bois, ne fut pas d'une matière plus durable, et en effet, ruinée par le temps et les éléments, elle finit par s'affaisser sur elle-même, vers 1817. (1)

Disciple à travers les âges, et disciple filial de Puget

---

(1) Le dessin de cette statue signé de l'ordonnateur qui en ordonna l'érection, est entre les mains de son fils.

il s'appliqua à la conservation et ne fut pas étranger à la consécration des débris des anciennes sculptures du grand artiste. Ces débris étaient amoncelés et oubliés dans un galetas de la corderie; dès qu'il fut maître, il les fit transporter à l'atelier de la sculpture, en para les murs et les angles de l'atelier, et là, vénérés et utiles, les fit servir de grands modèles aux ouvriers sculpteurs. Et lorsque plus tard, M. l'ingénieur Dupin eut la louable idée d'en former le noyau, d'abord d'un musée maritime à Toulon, ensuite d'un musée naval à Paris, l'hommage rendu à ces restes se trouva tout préparé. Une description de ces fragments, si longtemps étudiés, et bien compris, fut donnée par Félix Brun à M. Dupin, et ouvrit avec une précision assez poétique, la voie à celle que le savant ingénieur en a écrite dans ses mémoires sur la marine. (1)

Voici cette première description qui peut se lire, je pense, après celle de l'illustre membre de l'Institut; loin de moi de prétendre l'opposer à la sienne; elle ne sera ici que pour donner une idée du style de l'artiste.

» Description des morceaux de sculpture provenant des anciennes galè-
» res, qui se trouvent dans l'atelier de sculpture du port de Toulon.

» La patronne, ou autrement galère amirale, était très-riche en figures,
» bas-reliefs et autres ornements. Son tableau d'arrière représente Apollon
» sur son char, attelé de quatre chevaux. Le globe terrestre est sous ses
» pieds; au-dessus de sa tête est un ruban soutenu par plusieurs génies,
» avec la devise de Louis XIV, *nec pluribus impar*. Il est au milieu des
» quatre éléments, représentés par Jupiter, Junon, Neptune et Cybèle, avec
» leurs attributs. L'artiste a voulu que ce tableau représentât également le
» milieu du jour et l'été; il est midi, parce que le char du soleil est au plus
» haut de sa course; l'été est désigné par les trois signes de cette saison,
» l'*Ecrevisse*, le *Lion* et la *Vierge*.

» Sous les fenêtres de la chambre était un bas-relief; il représente la nuit, l'hiver et le nord. On reconnait la nuit aux étoiles qu'on y aperçoit,
» l'hiver à une figure qui se chauffe, et aux trois signes du zodiaque, le

M. Dupin a oublié de faire une petite part, bien facile, de la découverte et de la conservation de ces fragments de Puget, au maître sculpteur qui les lui avait fait connaître; peut-être aurait-il pu éviter de dire que ces fragments étaient abandonnés, sans soins ; car ils l'étaient si peu, qu'étudiés de près sous les yeux et sous la main pour ainsi dire, des élèves de la sculpture, ils ont formé ceux-ci autant peut-être que les leçons et la direction du maître; et c'est de ce contact inspirateur, que sont sortis les nombreux artistes qui ont pourvu tous les ports de France de maîtres sculpteurs habiles, dont quelques-uns ont porté leurs talents sur un plus grand champ. Leurs noms viendront tout à l'heure.

M. Dupin qui s'était dévoué à la protection des travaux de sculpture navale, unit ses idées aux inspirations de

» *Capricorne*, le *Verseau* et les *Poissons*. Le nord est figuré par un
» guerrier couvert d'armes offensives et défensives, et ayant sur la tête
» l'étoile polaire. Il y a dans ce bas-relief plusieurs autres figures, repré-
» sentant les vents qui soufflent les frimats.

» Aux côtés du carrosse de la galère, étaient deux bas-reliefs ; celui qui
» était placé à bâbord représente le matin et le printemps. On voit les om-
» bres de la nuit dissipées par l'Aurore qui répand des fleurs. Les travaux
» qui commencent sont représentés par les beaux-arts ; (allégorie ingénieuse
» à la louange de Louis XIV, pour désigner que les beaux-arts s'éveillent et
» se raniment en la présence du soleil, emblème de ce monarque); les heures
» attèlent les chevaux d'Apollon , et Thétis lui fait ses adieux. Le printemps
» est représenté par les trois signes de cette saison, le *Bélier*, le *Taureau* et
» les *Gémeaux*.

» Le bas-relief de tribord représente l'occident ou le soir et l'automne.
» Apollon entouré des heures, parmi lesquelles on en voit une lui présenter
» une couronne de lauriers, est sur son char traîné par quatre chevaux qui
» se précipitent dans l'océan. Il tourne ses regards vers la terre repré-
» sentée par quatre fleuves. Thétis assise sur une coquille et entourée de
» tritons, présente du corail à ce Dieu. Le crépuscule du soir est au-dessus

Félix Brun, dans un projet de monument qui fut conçu alors pour la décoration du port Il fut un moment question de placer en face des deux pavillons qui forment les extrémités de la corderie, les statues de Henri IV et de Louis XIV, les deux rois fondateurs de l'Arsenal. Dans ce moment, le comte d'Artois vint se montrer à Toulon, et on eut le pensée de lui faire consacrer l'érection d'une de ces statues, celle de Louis XIV. Le dessin, tel qu'i est décrit dans les mémoires de M. Dupin, qui en fait honneur à Félix Brun, fut présenté au prince qui donna l'autorisation de couler la statue en bronze, en employant les vieux canons de ce métal existant dans l'Arsenal. Ce fut là, la seule statue qui dût être érigée sur la place de l'horloge, la seule dont le dessin fut officiellement présenté. (1)

» des trois signes de l'automne qui sont la *Balance*, le *Scorpion* et le *Sagittaire*.

» Quatre figures soutenaient le carrosse de l'arrière, deux renommées et deux tritons publiant dans les airs et sur les eaux la gloire d'Apollon.

» Les moulures sont toutes en coquillages d'après nature. Aux côtés des bas-reliefs du carrosse, étaient des enfants soutenant des guirlandes de coquillages.

Nota. Ces différents tableaux sont de la composition de Puget, Les renommées et les tritons sont de la main de ce grand artiste. »

Suit la description de la seconde galère amirale, dont les fragments moins nombreux sont conservés dans le musée maritime à Toulon ; les deux bas-reliefs qui étaient sur les côtés, sont les mieux exécutés de tous ; les figures sont plus sveltes et ont plus de finesse que celles des autres bas-reliefs.— Suivent aussi les descriptions de quelques statues ou termes, et autres bas-reliefs.

(1) J'appuie sur ce fait parce que dans une notice sur la vie d'un autre artiste, on attribue ce dessin à celui-ci. Le dessin de Félix Brun, signé de lui, et portant le seing de Charles-Philippe, est entre les mains de sa famille.

Les événements subséquents écartérent ce projet, on doula ensuite de la réussite d'une fonte de statue dans l'Arsenal; cependant l'idée première ne fut pas totalement abandonnée; seulement les statues des deux rois eurent une autre place; exécutées quelques années après en pierres de calissanne et faites un peu lestement, elles décorèrent, et elles ornent encore le grand escalier de l'hôpital de la Marine.

Felix Brun conduisit toujours son atelier par lui-même et veillait à l'exécution de tous ses ouvrages; pas une figure, pas un ornement, dont il n'eut donné le dessin: c'était son devoir; s'il en avait l'obligation, il aimait à en avoir le mérite, et tous les éloges que l'on peut donner à l'éclat passager de cet atelier pendant qu'il était en vie remontent à lui.

Il a décoré dans le cours de sa maîtrise, 28 vaisseaux neufs, dont 8 à trois-ponts, et un nombre plus considédérable de frégates et navires moindres.

Il n'appliquait pas seulement la richesse de ses compositions aux ouvrages de sculpture; Il faisait des dessins pour les dessins mêmes, il ne passait pas de jour qu'il n'y appliquât sa plume ou son pinceau. C'est en dessinant qu'il se reposait; Il en faisait ses plus délicieuses occupations. Ses dessins s'etendaient sur toutes sortes de sujets; marines, paysages, monuments, décorations, histoire même; il déployait dans ces compositions une variété et une abondance étonnantes. Si un site le frappait, cette nature était aussitôt rendue par lui. Ses dessins, très-nombreux, appréciés comme des ouvrages de maître, sont dans les portefeuilles d'un grand nombre d'amateurs; l'énumération n'en tarirait pas; il savait les finir et s'y appliquait le plus souvent, mais quelquefois il les laissait dans une ébauche très-avancée, marquée à grands traits, où les artistes comprennent toute sa pensée.

Il eut été architecte; il a eu dans cet art, sur lequel il avait fait des études à Rome, de belles conceptions manifestées par des dessins. Il a même écrit pour un de ses fils qui n'est plus, en plusieurs cahiers, un traité d'architecture accompagné de plans, où il raisonne de tous les genres d'édifices.

Ce n'est pas seulement l'histoire et l'iconologie qu'il possédait, ainsi que les sciences qui prêtent le plus la main aux beaux-arts et aident à leur conception, il avait de plus un génie poétique qui est demeuré inconnu. Qui aurait jamais cru qu'un homme si simple, d'un extérieur si timide et si peu communicatif, eut composé des poèmes ; car il en a laissé, et les cahiers en sont dans sa famille. Il a chanté, en prose seulement, la fondation de Marseille par les Phocéens, la victoire de Charles-Martel et d'autres épopées, d'où jaillissent des idées neuves, brillantes, et des tableaux animés. Ces poèmes ne sont pas dignes, dans leur état brut, de voir le jour ; mais ils montrent jusqu'où son esprit pouvait aller. Ce n'est pas la conduite ou la méthode qui lui a manqué, car il était familier avec Homère, livre chéri de tous les vrais artistes; mais il avait commencé trop tard, sous le père Jacquier, la culture artificielle de son esprit, et il avait été autrement occupé.

Il n'avait pas subi cette discipline et cette règle des écoles, qui ne donnent pas l'imagination, mais font acquérir une correction sans laquelle on ne peut rien faire de fini. Cependant il a laissé des pages qu'on pourrait lire un jour, intitulées *ma sortie de Toulon en 1793*. Au milieu des graves évènements politiques qu'il voyait passer devant lui, il se montra encore artiste dans ce récit, décrivant, dans les divers lieux, tout ce que les beaux-arts lui laissaient voir, et cherchant toutefois, dans les terribles représailles du temps, une moralité qui l'effrayait quelquefois.

Ce qu'il vit alors fut la réflexion de toute sa vie ; partisan judicieux d'une philosophie humaine, la divinité était dans son culte, et il savait élever son âme jusqu'à elle. Plusieurs pages qu'il a laissées attestent un esprit singulièrement éclairé sur ces grandes matières.

Ce n'est pas abuser du nom de philosophe que de l'accorder à un homme humble, forcé déjà par sa condition sociale de l'être dans la pratique, lorsque cet homme savait porter ses regards et sa pensée aussi haut qu'il était permis, et pourtant il ne voulait rien perdre de ses croyances premières, il se soumettait à elles, disait-il, comme un enfant docile, et en artiste poète, il les ornait dans son imagination.

Voilà quel fut dans l'art, dans le monde, dans son intérieur, l'homme ingénu dont je trace la vie. Sous un extérieur toujours simple, apparaissait une figure presque austère ; ses cheveux redressés en arrière découvraient un front qui pensait toujours, et son œil, s'ouvrant sous une orbite profonde, s'unissait à tout ce qu'il pensait. Sa taille était un peu au-dessus de la moyenne, et son pas presque toujours pressé, était une coutume prise pour l'exact accomplissement de ses devoirs.

M. Maire a déjà dit que ses mœurs étaient pures. Sa frugalité était une habitude. Levé, hiver et été, à 4 heures du matin, il passait tout ce premier temps à lire. Prodigue de ce qu'il savait, les enfants de l'arsenal venaient en foule dans son atelier prendre des leçons de dessin. Marié, à l'âge de 27 ans, à Marie-Victoire Monestel, il vit grandir cinq enfants et mourut avant eux, le 28 février 1831 ; deux lui survivent encore, une fille mariée, habile dans le dessin et l'aquarelle, et un fils qui a écrit ces pages.

V

HUBAC, SÉNÉQUIER, DUBÈS, DAUMAS, BONIFAY.

Le précédent chef de l'atelier fut, il faut le dire, merveilleusement bien secondé; il eut le bonheur d'avoir pendant longtemps sous ses ordres des jeunes gens d'un mérite peu ordinaire. Au premier rang doit être placé Louis Hubac, dont les ouvrages furent à juste titre fort estimés.

Louis Hubac était né à Toulon en 1776. Son père, devenu officier dans la marine, lui ouvrit le premier pas dans la même carrière. Mais deux spectacles émouvants, qui ne furent pas étrangers à l'agrandissement de ses pensées et à leur teinte mélancolique, changèrent sa direction. Novice encore à 16 ans, il avait vu son père frappé à ses côtés par un boulet, dans le combat de la frégate la *Sybille* contre un vaisseau anglais; aspirant de la marine, le vaisseau l'*Orient* sauta en l'air avec lui dans la terrible nuit d'Aboukir. Il tourna alors ses regards vers l'atelier de la sculpture, où son grand-père était autrefois un ouvrier distingué, et où il s'était, pour ainsi dire, bercé; à différents intervalles il avait, en s'essayant, goûté l'amour des arts.

Hubac avait alors 20 ans ; ouvrier sculpteur, élève de l'atelier, il y gagna de bonnes inspirations et ce *faire* facile et correct qui entrait dans la nature de son talent. Beaucoup formé déjà, après huit ans d'étude et de travail, il aspira aux leçons des maîtres distingués de la capitale, et appuyé de son maître de Toulon et de ses chefs, il put aller suivre les grandes écoles de peinture et de sculpture. Il se plaça tout d'un coup au premier rang parmi de nombreux élèves (1), mais des raisons de famille le rappelant, l'empêchèrent d'y profiter de ses succès, et moins d'un an après il était de retour dans l'atelier du port ; il y fut contre-maître; l'exécution des grandes figures fut son partage, et il lui échut, en 1806, de faire celle d'un des termes du vaisseau à trois ponts le *Commerce-de-Paris*, que l'on avait recommandé au maître sculpteur d'orner avec plus de faste que de coutume.

Dans ce moment, quelques constructions de vaisseaux et frégates ayant été commandées à Venise pour le gouvernement français, l'atelier de Toulon, sur sa réputation, reçut l'ordre d'envoyer un sculpteur habile pour en diriger les décorations; le talent d'Hubac l'y appela, et

---

(1) Ceci est attesté par un certificat donné par M. Dejoux, directeur des écoles, ainsi conçu :

« Je soussigné, secrétaire perpétuel des écoles de peinture et de sculpture,
» certifie que M. Louis-Joseph Hubac, sculpteur, est nommé le premier élève
» de l'Ecole, même avant les dessinateurs, et en outre qu'il y fait ses études,
» avec autant d'application que de supériorité. En foi de quoi j'ai délivré le
» présent certificat.

A Paris, Palais des Arts, 18 fructidor an XIII (septembre 1805), signé : Renoux, secrétaire.

Dejoux, directeur, membre de l'Institut.

dans ce nouveau poste, au sein de l'Italie, fidèle à la tradition du port de Toulon, il laissa voir ce que pouvait faire un artiste français.

Il commença à s'adonner alors à la sculpture en marbre et montra qu'il pouvait y réussir. Il fit, dans un bloc de 32 c. de haut, le bas-relief d'*Hébé présentant le nectar à Jupiter, sous la forme de l'Aigle*; ouvrage qui, dans ses petites proportions, a été fort vanté, et a reçu l'encouragement de Canova, allant visiter l'atelier d'Hubac. L'Aigle en est expressif et bien fini, mais la figure d'Hébé est restée imparfaite; l'auteur, trouvant ses formes un peu grêles, n'avait pas voulu l'achever; mais il y a le sentiment, et ce bas-relief est encore une des meilleures œuvres d'Hubac.

Après l'évacuation de l'Italie, en 1814, il vint modestement reprendre ses anciennes fonctions de contremaître à l'atelier de la sculpture de Toulon, et reçut là, en 1817, sa nomination de maître sculpteur du port de Lorient; mais il ne fit pas un long séjour dans cette nouvelle ville; et trois ans après, sa santé se trouvant mal du climat du Nord, l'ingénieur Tupinier, dont il avait obtenu l'amitié à Venise, le fit renvoyer au port de Toulon, où il resta maître sculpteur adjoint, sous les ordres du maître Félix Brun, sculpteur en chef (1).

(1) Ici il est à propos de relever une erreur qui s'est glissée dans une notice sur le sculpteur Hubac, due à un honorable professeur du Lycée de Marseille. Il y est dit qu'Hubac obtint la permission de retourner dans sa ville natale, *où la retraite de M. Brun amenait la vacance de l'emploi de*

Hubac avait alors 44 ans ; c'est depuis ce temps que moins occupé dans le port, il put se livrer à des travaux privés qu'il a faits en grand nombre, qui ont beaucoup contribué à sa réputation, et où, à travers la facilité de l'œuvre, s'aperçoit toujours la marque du talent. Il serait trop long de les énumérer tous, il suffira d'en relater quelques-uns.

Il fit et coula lui-même, en bronze, le buste de Moreri que lui demanda la ville de Bargemont, patrie du savant auteur du grand dictionnaire historique.

Il sculpta le buste en marbre du Janus à deux faces, qui surmonte l'obélisque de la fontaine du port, à côté de la mairie, composition bien étudiée et d'un ciseau parfaitement correct.

Il fit hommage à la société académique du Var, qui l'avait reçu parmi ses membres, d'un buste de la Paix, dont il a été tiré des épreuves, figure pleine de douceur, et dont le calme révèlerait seul le sujet.

premier chef d'atelier qu'on lui destinait depuis longtemps. C'est la première fois qu'a été prononcé dans la notice du professeur, le nom de M. Brun qui pourtant a joué quelque rôle dans la vie d'Hubac, car, il l'a initié aux ouvrages de sculpture, et a été son maître bien longtemps, quoiqu'il soit dit qu'Hubac n'a jamais eu de maître que lui-même. Je ne me plains pas de cet oubli ; mais le fait est que M. Brun ne fut pas admis à la retraite ; que ne démérilant pas, on n'eut jamais le projet de l'y mettre ; qu'il continua de diriger l'atelier de la sculpture jusqu'à sa mort, et qu'Hubac toujours sous ses ordres, mais paraissant peu, ne prit dans aucun moment cette direction. La providence même a voulu que M. Brun prolongeât sa carrière pendant onze ans encore, depuis ce moment, et qu'il ait survécu à son adjoint. Je crois certainement au talent d'Hubac, et j'aime à l'entendre vanter ; il eût été digne sans doute, de régir l'atelier ; mais un autre l'a fait et y a laissé un nom honoré ; à chacun ce qui lui appartient.

Il fit en bois, un grand nombre de bustes de saints, pour les églises de Toulon et des villes voisines, entre autres un Saint-Pierre et un Saint-Paul, pour la Seyne. Parmi ses plus remarquables ouvrages de cette nature, sont les grandes statues en pierre de Saint-Jérôme et de Saint-Léon, placées dans l'église St-Pierre, dans les niches qui entourent le maître-autel.

Pour l'église Sainte-Marie de Toulon, il orna la belle chaire que l'on y voit en bois de noyer, dont les panneaux représentent les quatre évangélistes, figures presque à ronde-bosse, qu'il dut faire avec passion, car c'était dans ces statuettes, comme dans les modèles de petite dimension, en maniant le plâtre ou la terre glaise, que son talent se montrait le plus parfait : son ébauchoir s'y complaisait, et il a toujours mis dans ces compositions, soit naïves, soit expressives, un esprit infini.

Il a fait des portraits, en buste, très-ressemblants, celui de madame de Lareinty, surtout, est d'une extrême délicatesse.

Un Ganymède, enlevé par l'aigle, en terre cuite, de 35 c. de hauteur, sur 40 c., ouvrage très-fini.

Une Minerve, d'un mètre de hauteur, en pierre de calissane, pour une campagne des environs.

Il reste de lui quelques petits modèles en bois et en terre glaise, d'un Louis XIV qu'il espérait, a-t-on dit, faire agréer pour en faire une statue monumentale ; l'article de Félix Brun, qui précède rapporte l'histoire réelle de ce projet, et quelle en fut la suite.

Il fut jugé digne de restaurer les caryatides de l'hôtel-de-ville de Toulon, et l'a fait avec une délicatesse et un respect de ces chefs-d'œuvre, qui font honneur à son jugement.

On cite encore de lui deux modèles en terre, l'un de Duguay-Troin, l'autre du vice-amiral Gauteaume, qui devaient faire partie, exécutés en marbre, d'une collection de statues de marins célèbres, dont le baron Tupinier avait eu l'idée de placer les images au musée naval de Paris. Hubac était en état de les faire, et les arts ainsi que la marine, ont beaucoup perdu à la mort trop précoce de l'habile sculpteur, décédé à Toulon, le 13 mars 1830, à l'âge de 54 ans.

Je laisse à d'autres plumes qui l'ont déjà entrepris, ou qui sont mieux placées que la mienne, à donner une biographie plus complète de Louis Hubac, et à tracer la mélancolie de ses traits et sa physionomie qui s'animait dans le travail, mais personne ne pourra le dépeindre mieux que ne l'a fait, dans un buste coulé en bronze, le sculpteur Daumas, élève de Brun et le sien aussi. Daumas s'est appliqué à rendre, avec une vérité animée, les traits d'Hubac, et à éclairer son front éminent, se servant d'un portrait qu'avait fait de lui, dans un cordial échange, M. de Clinchamp, peintre d'un mérite distingué, dont Hubac avait fait le buste.

Daumas a été un ancien élève de l'atelier de la sculpture, dont le séjour à Paris, et les leçons de la grande école française, ont perfectionné le talent que son premier maître avait présagé de bonne heure. De nombreux ouvrages, dignes d'être admirés, sont déjà sortis de sa main, et dans le nombre se trouve la statue en bronze du génie de la navigation, que nous voyons à la place de l'hôtel de ville, à Toulon, où elle ne souffre pas du voisinage des caryatides de Puget.

Parmi les élèves qui sont sortis de l'atelier de la sculpture, doivent être cités avec distinction :

Sénéquier Bernard, né à Toulon en 1784, qui, entré en 1799, montra de bonne heure de l'aptitude pour tous les genres de sculpture, et fit entr'autres, la grande figure de l'avant du vaisseau déjà cité le *Commerce-de-Paris*. Très-jeune, il mérita d'être contre-maître; dessinateur habile, ce talent, qui devint sa principale occupation, le fit nommer, en 1816, professeur de dessin de l'école de navigation ;

Fournier, ami intime d'Hubac, si intelligent à manier le bois et la pierre, qu'il faisait, disait-on, avec son ciseau tout ce qu'il voulait; il aurait pu aller de pair avec son ami, s'il avait connu le dessin. Il avait décoré d'un gracieux enfant une fontaine de la ville, et a fait quelques autres ouvrages;

Allemand, qui fut envoyé maître sculpteur à Rochefort;
Gachon . . . à Lorient ;
Seurre . . . à Brest;
Fréret . . . à Cherbourg;

C'était un élève plus particulier d'Hubac, qui le faisait travailler à son atelier en ville ;

Tanaron, qui fut appelé au musée naval, au Louvre,

fils d'un ouvrier sculpteur qui avait du mérite dans les ornements ;

Et Dubès Jean-Baptiste, qui fut successeur de Félix Brun, dans la place de maître entretenu à Toulon.

Dubès occupa cette place pendant quinze ans, dans des circonstances peu propices pour l'art. On commençait à effacer la sculpture sur les navires, avant de la supprimer. Le goût des capitaines pour les lignes de peinture avait tellement pris faveur, que beaucoup d'entr'eux les faisaient se rejoindre de l'arrière à l'avant, couvrant les ornements de poupe et rayant jusqu'à la poulaine, sous ces zônes non interrompues de noir et de blanc. Bientôt les poupes rondes firent une plus grande diversion ; les tableaux d'arrière, les bouteilles, demeurèrent supprimés par le fait ; à peine le nom du navire fut-il entouré d'un semblant d'ornement. A l'avant, sur les guibres moins élancées, de simples bustes remplacèrent les figures entières, et toute l'ancienne et vaste allégorie de la décoration des navires s'y réfugia. Enfin la dégénérescence fut telle, il resta si peu à faire, que par une décision de l'amiral ministre de Rigny, de l'année 1834, la place de maître sculpteur entretenu fut supprimée dans les arsenaux.

Cependant le maître Dubès, qui avait été un excellent figuriste, conserva son titre jusqu'en 1845, que, dégoûté, voyant l'art périr, presque sans ouvriers, il demanda lui-même sa retraite. L'atelier ne fut pas fermé, mais il lui fut accordé seulement un contre-maître pour diriger le peu de travaux qui pouvaient se faire. Le choix de ce contre-maître a été heureux ; le sculpteur Bonifay, enfant de Toulon, né en 1814, qui avait puisé les premiers éléments à l'atelier du port, sous la maîtrise de Félix Brun, s'était fortifié à l'école des beaux-arts, à Paris, où il avait travaillé pendant cinq ans, et avait été proclamé le premier sur cent élèves. Arrivé à Toulon en 1845, il a ranimé les restes de l'atelier; et le grand nombre de bâtiments qui ont été armés au port depuis ce temps, suppléant à l'amoindrissement du décor de chacun d'eux, il a pu maintenir l'art et donner de l'exercice à quelques ouvriers. Bonifay justifie, dans une bonne signification, le nom d'artiste; il dessine correctement, même avec ampleur, et tout ce qu'il trace est de la bonne école.

L'on peut se demander maintenant quel sera l'avenir de la sculpture navale; il ne peut plus être objecté qu'elle donne prise aux brûlots, c'était, même autrefois, un vain reproche; qu'elle appesantit trop l'avant et l'arrière, et arque le navire, car le fer et le bronze dont l'arrière est chargé depuis la quille jusqu'aux balcons, l'appesantissent bien autrement; et de quel poids peut être le buste auquel la poulaine est réduite? Quelle est longue à finir et qu'elle retarde les armements, car quelle longueur est comparable aujourd'hui à celle des installations de toutes les œuvres du bord, et quelles sculptures ne pourrait-on pas finir pendant qu'un armement se fait? L'on dira qu'elle est inutile pour la navigation, et qu'elle est de luxe; de cela, j'en conviens; mais, sous ce point de vue, en quoi les arts sont-ils utiles? Même dans les monuments publics, quelle nécessité les y admet, si ce n'est la dignité de la nation? Outre le plaisir que nos yeux ont à voir convenablement décorés, des bâtiments dont la construction fait honneur à nos arsenaux, n'y aurait-il pas à ces embellissements un intérêt presque politique?

Les vaisseaux d'une grande puissance comme la nôtre parcourent toutes les mers, se montrent à tous les peuples policés, et à d'autres que nous voudrions polir. Là et partout, si nous nous présentons avec l'appareil toujours un peu barbare des armes, accordons quelque chose pour donner la mesure de notre politesse et de toutes nos connaissances.

Quelques peuples se sont acquis une sorte de célébrité par l'industrie des manufactures, par des ouvrages qui exigent l'adresse des mains, par leur patience à suivre certains procédés; mais ces peuples, auxquels la nature semble avoir refusé le sentiment du vrai beau, qu'ont-ils à nous offrir? Les étoffes des Indes, les tasses du Japon, les ustensiles en bois et en carton vernissés de la Chine, prouvent des efforts pour augmenter les commodités de la vie, sans faire *nécessairement* supposer quelque chose au-dessus. Aussi bien, restent-ils en une éternelle enfance, dans les arts qui dépendent en partie de l'imagination. Ces arts ne se montrent guères que chez les peuples qui n'ont aucune sorte de gloire à envier aux autres. Les époques pendant lesquelles ils ont brillé, et que nous désignons ordinairement par les noms de Périclès, d'Auguste, des Médicis, de Louis XIV, sont celles (sans parler de la nôtre) qui font honneur *en tout genre* à l'esprit humain; je mets au rang des lieux communs le développement de cette matière; il suffit qu'on puisse établir qu'une nation en première ligne, telle que la nation française, ne pourrait point décemment se montrer indifférente ou peu difficile sur ce qui est un cachet du plus haut degré de civilisation.

On peut considérer, de plus, les bâtiments de guerre comme des espèces de trophées ambulants. Interprète de la reconnaissance et de l'admiration publique, le ministre de la marine leur affecte souvent des noms qui rappellent des actions chères à la gloire de la patrie, et le génie des artistes s'efforce de les présenter aux yeux de la manière la plus propre à éveiller l'attention, à flatter l'orgueil national.

On regrettera alors, dira-t-on, le peu de durée de ces monuments, exposés à tous les éléments et à tous les ravages de la mer et de la guerre. S'ils sont parfaits, il est affligeant de perdre en peu de temps des chefs-d'œuvre que le génie de l'homme a péniblement créés ; s'ils ne sont faits que par des ouvriers ordinaires, à quoi bon exposer aux yeux des autres nations de médiocres ouvrages qui leur donneront plutôt de faibles que de grandes idées de nos arts ? A cela on peut répondre qu'il y a dans un vaisseau bien d'autres œuvres en péril : d'abord le vaisseau lui-même qui est un chef-d'œuvre de l'art humain, et puis tout ce qu'il renferme de précieux, sans compter la vie hors de prix des hommes, quoiqu'elle soit si facile à sacrifier. Quant à un moindre degré de perfection, on peut dire qu'il n'est pas nécessaire que l'état de l'art dans la capitale soit égalé dans la sculpture de nos vaisseaux ; cela est arrivé sous Louis

XIV, mais on ne peut pas, raisonnablement, l'exiger toujours. Il suffit, pour notre honneur, que cet état soit représenté par un style analogue et correct, et nos artistes, bien guidés, se sont toujours mis en harmonie avec ce qu'il y avait de parfait.

Ainsi, par toutes ces raisons et par leur luxe même, les arts que la France cultive méritent une place dans les décorations des vaisseaux. En quelque lieu, chez nous, que l'on se pose, marine, guerre, industrie, travaux publics, l'on est toujours en France, c'est toujours l'honneur du pays que l'on montre quand on élève les arts; de partout le devoir est d'y concourir.

Mais, une plus puissante objection se dresse et oppose la difficulté d'allier la sculpture avec les nouvelles formes de navires. Il y a là, sans doute, à réfléchir, et l'on peut se demander si cette difficulté est insurmontable. Les vaisseaux ornés des anciens avaient des poupes aiguës; les galères avaient leurs balcons et leurs décorations principales sur les côtés. Le problème n'a pas encore été bien cherché; même avec la prépondérance que prend le fer, ne peut-il pas toujours y avoir un faible espace qui reçoive comme une empreinte du goût pour les arts. Les nécessités de la construction doivent sans doute l'emporter; il faudrait sacrifier à elles, dans un besoin absolu, l'art entier; mais la démonstration n'en est pas faite; l'assiette de la construction n'est pas bien prise encore, et l'on peut ne pas désespérer de voir ces productions qui révèlent tant de choses, se marier de nouveau avec l'architecture navale.

VI

MAITRES PEINTRES.

La peinture, j'entends l'art et non l'enduit, n'avait pas pris le même développement que la sculpture dans la décoration des vaisseaux modernes; elle était presque toute intérieure ; les chambres de l'arrière étaient peintes dans le goût des salons des villes; c'étaient quelques tableaux de fantaisie, parsemés de quelques trophées et attributs, dont les dessins pour les navires amiraux venaient de Paris. Le Brun ne fut pas seulement chargé des dessins de sculpture du vaisseau le *Royal-Louis*, il envoya ceux *des peintures qui étaient à faire à la chambre et aux dunettes* où l'amiral avait coutume de donner ses audiences (1). Il fit aussi les dessins d'emblêmes qui devaient avoir rapport aux ornements de la poupe. C'étaient des dessins en petit, pour être faits en grand, dans les espaces donnés. Selon l'intendant, on n'avait point de personne capable de les faire, la ville n'étant remplie que de marchands et de pêcheurs ; il fallait bien cependant qu'il y eut des peintres pour les copier et les amplifier.

(1) Lettre de l'intendant d'Infreville à Colbert, du 24 juillet 1668.

Jean-Baptiste De la Rose, qui paraissait alors au port de Toulon, était capable de plus que de cela ; il avait été en relation, en 1665, avec l'intendant de la Guette, et avait conduit les ouvrages du *Saint-Philippe* et ceux du vaisseau la *Thérèse*, qui périt incendié au siége de Candie. Il se chargea quelquefois de diriger les ouvrages de sculpture, et on a vu qu'il concourut, en 1667, pour les ornements du vaisseau le *Royal-Louis*. Dès lors, il fit connaître son habileté, travailla concurremment avec Puget à une collection de dessins de tous les bâtiments de mer qui fut envoyée à Colbert, et fut placé à la tête de tous les travaux de peinture. L'intendant Arnoul, en 1676, le représente comme un homme qui excellait dans sa manière, et qui prétendait qu'il aurait fait fortune à Paris, si on ne l'avait obligé à rester par ordre du roi, lorsqu'il avait demandé son congé.

De la Rose pourvut à tout et dressa les descriptions et les devis de tous les ouvrages de peinture. On trouve dans les registres, pour le vaisseau l'*Ardent*, armé en 1684, monté par l'amiral Duquesne, et sur lequel Seignelay s'embarqua pour aller bombarder Gênes, un devis dans lequel figure un tableau à faire, de huit pieds de long sur six pieds de haut, suivant un dessin donné par le sieur de la Rose ; une suite de ce grand tableau devait se faire aux côtés de la grande chambre et jusques dans la chambre de Duquesne, avec ornements, paysages, etc. L'amiral avait pris un logement secondaire et avait cédé la grande chambre au ministre. Sur le tableau de poupe extérieur, un phénix sculpté était sur son bûcher.

La peinture devait lui donner ses couleurs naturelles. L'entrepreneur fut Jean Vanloo, qui en resta chargé, sans concurrence, au prix de 1350 fr.

De la Rose dirigea, peu de temps après, des peintures dans une salle de la maison royale. La description du devis signé de lui suffit pour en faire connaître la richesse. Le plafond représentait un tableau d'histoire, relevé d'une bordure. Aux quatre coins du plafond étaient des ornements avec des enfants et des festons de fleurs ; des paysages remplissaient le reste ; le soubassement en avait dans ses compartiments, et d'autres ornements et petits paysages étaient peints en camayeu dans l'évasement des fenêtres. Cet ouvrage considérable, que plusieurs peintres se disputèrent, fut adjugé le 20 juillet 1687 à Vanloo, pour la faible somme de 200 fr.

Le nom de La Rose resta à la tête de l'atelier de la peinture pendant 80 ans, de père en fils, mais non pas avec les mêmes talents. Le premier de ce nom, dont le prénom était Jean-Baptiste, fut le plus distingué et s'acquit une belle réputation par ses tableaux de marine.

Pascal de la Rose, son fils, né en 1665, lui succéda et fut celui qui s'approcha le plus de lui. Il acheva, en 1687, quelques ouvrages de peinture entrepris par son père qui venait de mourir ; il vécut lui-même jusqu'en 1745, et mourut âgé de 80 ans.

Jean-Baptiste de la Rose, fils aîné de Pascal, lui avait déjà succédé ; il était maître peintre en 1737, aux appointements de 1000 fr., comme ses aïeux. Il avait quelquefois concouru, avant sa nomination, aux ouvrages d'application de peinture.

Alexandre, fils du dernier Jean-Baptiste, fut entretenu de bonne heure comme sous-maître peintre à 30 fr. par mois. Il obtint, en 1724, d'aller à Rome pour se perfectionner dans son art (1) en conservant sa paye, son père offrant de donner pendant son absence les leçons de dessin. Il fut nommé maître peintre en 1738. — Un autre, Joseph de la Rose, frère de celui-ci, fut, dans ce temps, nommé maître à dessiner des gardes de la marine, et n'entra plus dans l'atelier de la peinture.

Mais Alexandre de la Rose n'avait pas, dit l'intendant, les talents et la capacité de cet emploi, et le sieur l'Hermitte fut envoyé au port, en 1740, pour le remplacer comme maître. De la Rose resta en sous-ordre et ne fut mis à la retraite qu'en 1745, avec 600 fr. de demi-solde.

Pendant la maîtrise des premiers De la Rose, vivait une autre famille de peintres du nom de Vanloo qui, sans avoir été maîtres entretenus, ont beaucoup travaillé pour l'arsenal. Jean Vanloo fut le premier de cette famille; originaire de Flandre, il s'était fait naturaliser Français;

---

(1) La marine a plus d'une fois fait les frais du perfectionnement de ses artistes. Peu d'années après, en 1734, la permission fut donnée au sieur Jourdan, maître à danser des gardes de la marine, d'envoyer son fils à Paris, pendant six mois, pour se perfectionner dans son art. Il resta employé sur l'état, pour être payé de ses appointements pendant son absence, car il était sous-maître. L'intendant demanda, en 1736, la place de maître de danse pour ce jeune homme qui avait si bien appris à Paris, sous un bon maître et dont il vanta le bon goût et les principes.

aidé de son fils Louis, il concourut non-seulement aux œuvres qui dépendaient du dessin, mais encore à tous les ouvrages de dorure et d'application de peinture. Jean-Baptiste Vanloo, fils de Louis, se joignit bientôt à son père, et leurs noms ont longtemps figuré dans les marchés du port; celui-ci réussit beaucoup dans le portrait. Après eux vint un fils de Jean-Baptiste nommé Louis Michel, né à Toulon en 1707, qui se montra peu dans l'arsenal, et un frère de celui-ci nommé Amédée, qui y parut encore moins. Leurs talents supérieurs les appelaient dans le monde; ils voyagèrent diversement et se montrèrent avec distinction à Turin, en Espagne, en Prusse, y acquirent des titres honorables, et répandirent leurs œuvres dans tous ces pays. Louis Michel a laissé à Toulon des tableaux estimés; quatre de ces tableaux, de sujets religieux, endommagés et réparés, font partie du musée de la ville.

Le plus célèbre des Vanloo fut Carle, né à Nice en 1705, frère jeune de Jean-Baptiste et son élève. Son nom ne figure sur aucun registre, et il ne paraît pas avoir servi dans l'arsenal maritime.

Nous sommes accoutumés aujourd'hui à voir, dans la peinture extérieure des vaisseaux, dominer le noir, peu salissant et facile à entretenir et le blanc dont l'éclat se relève au milieu de cette teinte sombre. Cette uniformité de costume satisfait le coup d'œil dans une réunion de vaisseaux, comme dans une armée l'uniforme des régiments. Nous aimons à voir des batteries bien dessinées, et notre œil peut-être trouverait étrange de voir les couleurs claires ou vives dont les vaisseaux se peignaient autrefois de haut en bas. Aucune uniformité n'existait dans le choix et la pose de ces couleurs, elles étaient tout à fait au goût des capitaines. En 1686 par exemple, nous voyons le *Magnifique*, vaisseau neuf, peint tout en vert; le *Vigilant*, partagé entre le vert brun et le jaune; le *Fougueux*, entre le bois veiné et le jaune clair; le *Parfait*, le *Saint-Louis*, entre le noir luisant et le jaune ; le *Prudent*, le *Cheval-Marin*, étaient tout à fait en vert. D'autres étaient peints en minium ou vermillon, comme l'étaient généralement les galères ; les bombardes qui suivaient l'armée avaient des couleurs tout à fait diverses et tranchées ; l'une était en vert, l'autre en bleu, une autre en rouge. Généralement les sculptures étaient peintes en vert et jaune ; la poulaine et les écussons de l'arrière étaient dorés.

Au milieu de ce barriolage infini, on trouvait magnifique un coup d'œil que nous apprécierions aujourd'hui différemment. Il y eut, dans la suite des temps, un peu plus d'uniformité, et surtout on s'attacha mieux à marquer les lignes des batteries. Les couleurs brillantes furent délaissées, et on peut se rappeler avoir vu autrefois les batteries peintes de jaune, au milieu de couches de vert de gris, auxquelles le fond noir, plutôt goudron que peinture, a définitivement succédé.

Je décris ici le simple peinturage auquel avaient été réduits à peu près tous les ouvrages de peinture ; ces ouvrages étaient le plus ordinairement mis à l'entreprise et les ouvriers y gagnaient fort peu. Sous Jean-Baptiste de la Rose, en février 1728, le ministre hésita à approuver un marché pour la peinture de deux vaisseaux, estimée à 3,120 fr. chacune. L'intendant lui remontra qu'il n'y avait pas moyen de diminuer ce prix ; que la dorure et l'outremer emportaient la plus grande partie de la somme. Le peu de gain que font les peintres à ces ouvrages, dit-il, les oblige à nous quitter, et ceux qui nous restent ne démentent point le proverbe des gens de leur profession, ils sont tous très-gueux.

L'Hermitte, fait maître en 1740, fut mis à la retraite en 1760. Entre ces deux époques, en 1754, sous l'intendance de M. de Villeblanche, parut Joseph Vernet ; la mission qui lui avait été donnée *de lever des vues*, avait été annoncée par le ministre. Il séjourna à Toulon près de deux ans et peignit les trois vues du port et celle de la rade de Bandol, tableaux placés aujourd'hui au musée naval du Louvre, et qui ont été multipliés par la gravure. Joseph Vernet emmena avec lui, à Bordeaux et à Bayonne, en continuant ses vues dans les ports de l'Océan, un jeune peintre de Toulon nommé Jacques Volaire, fils et petit-fils d'anciens ouvriers du port, et qui lui-même y était alors employé. Son père, en 1745, avait peint pour l'église Sainte-Marie un grand tableau qu'on y voit encore, représentant l'Eucharistie. Après avoir quitté Vernet, Jacques Volaire s'établit à Rome, devint membre de l'académie de Saint-Luc, et vivait encore en 1782, à Naples, où il mourut (1).

Le successeur de l'Hermitte fut Arnaud qui mourut en

---

(1) Voir ces renseignements sur Volaire dans la biographie de Joseph Vernet, écrite par M. Léon Lagrange.

1767, et après lequel l'intendant Hurson proposa de changer le système de régie de l'atelier. Déjà, en 1760, M. Mithon avait tenté de le faire, mais le ministre maintint l'entreprise; M. Hurson représenta plus directement qu'on avait moins besoin d'un bon peintre que d'un honnête homme, qui sut ménager, pour les intérêts de l'état, les marchandises qui lui étaient confiées, et avisât à ce qu'elles ne fussent point détournées, qui entendit bien le mélange des couleurs, et, qu'avec ces qualités, pourvu qu'il sut dessiner et peindre les armes du roi dans les endroits où cela était nécessaire, ce serait un bon sujet mis à sa place. C'est ainsi que les ouvrages de l'atelier furent réglés, l'application de la peinture se fit à la journée. On avait alors cessé tout achat de feuilles d'or; l'intention de Sa Majesté, dit le ministre en 1759, étant qu'à l'avenir aucune partie de ses vaisseaux ne soit dorée.

L'opinion de M. Hurson avait sa raison ; l'art de la peinture avait cessé dans le port, il n'avait pas le même degré d'utilité que la sculpture, et ne l'avait jamais eu. La sculpture était la décoration du vaisseau même et s'incorporait pour ainsi dire avec lui ; elle annonçait le vaisseau au dehors et frappait tous les yeux parce qu'elle pouvait montrer de belles compositions et d'allégories. La peinture n'était qu'un embellissement intérieur et caché de quelques chambres, pour l'agrément d'un amiral ou d'un capitaine, un objet souvent de mode et d'un intérêt bien secondaire (1)

---

(1) L'usage en reprend sur les bâtiments à vapeur des correspondances;

M. Hurson fit nommer pour maître peintre le sieur Doumet, qui avait une bonne réputation et qui était même plus artiste qu'il ne lui semblait nécessaire, car on a vu de ce peintre quelques jolis petits tableaux à la gouache fort bien exécutés.

Doumet laissant quelques bons souvenirs fut mis, fort âgé, à la retraite, le 1er avril 1789, et remplacé par Michel qui occupa la double fonction de maître peintre et maître sculpteur jusqu'en 1792.

La peinture était définitivement réduite à un atelier de broyeurs et de barbouilleurs. La seule image de l'art que l'on apercevait était dans les dossiers de quelques embarcations, qu'un contre-maître assez exercé essayait de varier selon le désir des capitaines. Cependant il y eut un moment de résurrection qui fut plutôt un effet des circonstances où l'on vivait, qu'une volonté même passagère de retour vers l'art. Quelques jeunes artistes avaient suivi l'armée française qui rentrait à Toulon où y étaient venus pour trouver du pain et un refuge. Il y eut, en 1794, une collection de peintres estimables que l'on employa, pour les occuper, dans leurs divers genres, même à peindre

quelques panneaux peints et soignés, achèvent d'enjoliver cette demeure pour les yeux des passagers, et font partie du confortable qu'on leur offre. — Il y a quelque chose de plus ; l'industrie particulière qui comprend aussi le bon effet des ornements à l'extérieur, leur a trouvé des places dans ses navires à vapeur. Plusieurs de ces bâtiments sont décorés de jolies sculptures qui ressortent bien à l'arrière et à l'avant. Le sentiment de l'art nous reviendrait-il par là ?

des sujets historiques. On exerça leurs pinceaux à des emblêmes patriotiques, à des décorations pour les fêtes qui se succédaient rapidement, et l'on revit sur les vaisseau quelques ornements intérieurs que les capitaines pouvaient demander plus facilement. On s'est souvenu des noms de Mille, de Lecorre, de Ricard et de quelques autres, et surtout de celui de Granet, d'Aix, qui a acquis une si belle réputation dans la peinture des intérieurs, et qui disait plus tard que jamais ses tableaux ne lui avaient été aussi bien payés qu'alors, dans ce temps de misère, par quelques assignats. Mais ce passage fut court ; ces artistes imprévus portaient ombrage aux habitués de l'atelier qui n'avaient pas leurs talents ; il ne fallait plus de véritables peintres, et aux premières économies commandées, ceux qui restèrent un peu plus que les autres furent réformés. D'ailleurs, après diverses fluctuations entre l'ouvrage à la journée et l'entreprise, celle-ci prévalut et exclut d'autant plus les talents particuliers.

Marquisan Simon, nommé maître en 1794, dirigea sur ces éléments les ouvrages tout à fait manuels de la peinture pendant 36 ans, jusqu'au 1ᵉʳ juin 1831 ; il était alors âgé de 80 ans.

Son successeur fut François Brun, fils du maître sculpteur, qui avait obtenu d'aller à Rome et qui, sous les yeux de M. Granet, avait fait quelques heureuses imitations de ses tableaux d'intérieur ; mais il n'y resta pas assez longtemps pour se perfectionner. Il mourut en 1842, après onze ans de maîtrise.

Garnier Pierre-Alexis, qui fut nommé ensuite, ne resta maître que pendant deux ans. A sa mort, le titre de maître fut supprimé, et l'atelier n'a plus à sa tête, comme l'atelier de la sculpture, qu'un contre-maître.

NOTE.

Je n'ai pas compris dans les énumérations d'artistes que je viens de faire, tous ceux que la ville de Toulon a produits ou a vus de près ; il y en a eu, et il y en a aujourd'hui surtout, un bon nombre, enfants de la ville, qui brillent dans les deux arts, par d'heureux talents ; et plusieurs s'y sont fait une réputation. Ceux d'entr'eux qui me liront, me pardonneront de ne pas les avoir nommés ; ils comprendront les bornes de ma notice, réservée aux artistes qui ont donné leur temps à la marine.

www.ingramcontent.com/pod-product-compliance
Lightning Source LLC
Chambersburg PA
CBHW070158230526
45471CB00002B/717